Thomas M. Schimmel / Michaela Arndt (Hrsg.)

Gebet in den Religionen

Ausdruck des Glaubens und der Spiritualität

AF206077

THOMAS M. SCHIMMEL /
MICHAELA ARNDT (HRSG.)

Gebet in den Religionen

AUSDRUCK DES GLAUBENS
UND DER SPIRITUALITÄT

franziskanische Initiative
1219
Religions- und Kulturdialog

Für Bruder Claudius Groß ofm,
unseren zu früh verstorbenen Gründer und Mentor

2. Auflage 2019

Herausgegeben im Auftrag der *franziskanische Initiative* **1219. Religions- und Kulturdialog**

Redaktion: Michaela Arndt, Thomas M. Schimmel

Gestaltung: Ralf Wolf | www.autorenservice.net

Herstellung und Verlag:
BoD – Books on Demand, Norderstedt

ISBN: 978-3-7481-1989-0

Inhalt

Vorwort

Thomas M. Schimmel & Michaela Arndt

Wer im Dialog der Religionen aktiv ist, macht sehr schnell zwei Erfahrungen: Zum einen erlebt er oder sie den unendlichen Reichtum an Gotteserfahrungen und die schier unendliche Vielfalt an Ritualen, Liturgien und Traditionen, die im Umgang mit dem Numinosen, dem Heiligen oder Unnahbaren im Lauf der Jahrtausende entstanden und bis heute überliefert sind. Zum anderen macht man die Erfahrung, dass alle Religionen im Kern nur zweierlei wollen: dem Menschen in seiner Hilflosigkeit und Unvollkommenheit helfen, ein erfülltes Leben zu führen, bzw. der Menschheit helfen, gemeinsam in Frieden und Gerechtigkeit zu leben.

Diese Vielfalt, die auf ein Ziel gerichtet ist, wird auch in diesem Buch deutlich. Denn die Texte dieses Bandes widmen sich den Gebeten und Gottesdiensten. Beides gibt es in allen Religionen, ja beides ist sogar konstituierend für Religion. In den sehr unterschiedlichen Gebetstraditionen und gottesdienstlichen Ritualen – das wird in den hier versammelten Texten deutlich –, scheint immer wieder durch, dass Religion das Gute im Menschen bestärken will, auch wenn man durch die Geschichte und die Realität unserer Zeit manchmal versucht sein mag, das Gegenteil anzunehmen.

Unsere Publikation ist in drei Abschnitte unterteilt. Im ersten Teil eröffnen zwei Hinführungen zum Gebet – von Olaf Haladhara Thaler aus eher östlicher und von Prof. Dr. Gunda Werner aus eher westlicher Perspektive – die Beschäftigung mit dem Gebet in den Religionen. Im zweiten Teil finden wir Basistexte, die das Gebet in den Weltreligionen thematisieren. Die Autorinnen und Autoren erläutern im Grundsätzlichen Traditionen und Praktiken, um so Einblick in den Glauben und die Spiritualität zu geben. Im dritten Teil entführen die Autorinnen und Autoren mit der Beschreibung ihrer persönlichen Erfahrungen, die sie meist als Gäste bei Gottesdiensten und Gebeten gemacht haben, in die Welt des Glaubens. Diese Texte laden ein, selbst Gebete und Gottesdienste religiöser Gemeinschaften zu besuchen, um zu erfahren, welche Tiefe und Freundlichkeit Religiosität zu Grunde liegen. Charakteristisch für diesen Teil ist, dass er nicht systematisch wie der zweite Teil angelegt ist, sondern die Leserin und den Leser wie bei einem Stadtrundgang zu verschiedenen Orten Berlins führt, die scheinbar auf dem Weg liegen – oder sie sogar, wie u. a. bei dem Text über das Gebet an die Ahnen der Tallensi in Nord-Ghana von Volker Riehl über die Stadtgrenzen hinaus auf andere Kontinente mitnimmt.

„Wissen ist die beste Medizin gegen Vorurteile", sagt die Vorsitzende des Berliner Forums der Religionen e.V., Ranjit Kaur, immer wieder treffend und so will auch dieses Buch Zugänge legen und Wissen über die Religionen und die Religiosität der Gläubigen vermitteln. Es will ein Argument sein gegen Populismus und Menschenverachtung. Denn es will auch zeigen, dass Pluralität in unserer Gesellschaft ein Schatz ist, der nicht konträr zum gesellschaftlichen Zusammenhalt steht, sondern im Gegenteil, eine Energiequelle darstellt, die wir nutzen können, um mehr Gerechtigkeit und Frieden herzustellen.

Herzlich zu danken ist an dieser Stelle den Autorinnen und Autoren, die uns ihre Texte zur Verfügung gestellt oder sie sogar auf unsere Einladung hin geschrieben haben. Zu danken ist auch Maria Schwabe und Hemma Jäger, die uns bei der Durchsicht der Texte geholfen haben. Zu danken sind dem Diözesanrat der Katholiken im Erzbistum Berlin und dem Katholikenrat beim Militärbischof der Bundeswehr, die uns im Januar 2018 den Drei-Königs-Preis für hervorragende Arbeit für den Frieden unter den Religionen verliehen haben. Mit dem Preisgeld konnten wir dieses Buchprojekt realisieren. Herzlich danken wir auch dem Beauftragten für Kirchen und Religions- und Weltanschauungsgemeinschaften des Berliner Senats, dem Bischöflichen Hilfswerk MISEREOR, der Deutschen Franziskanerprovinz und den Einzelspenderinnen und Einzelspendern. Dank auch an Ralf Wolf, der die grafische Arbeit erledigt hat.

*

Die Erstauflage unseres Buches war innerhalb von drei Monaten vergriffen. Danke an die Leserinnen und Leser, die so neugierig auf unser Buch waren. Wir freuen uns, dass wir *Gebet in den Religionen* nun in leicht veränderter Form als zweite Auflage veröffentlichen können. Das Buch ist auch als E-Book erhältlich.

1 Hinführungen

1.1 Menschen beten

Olaf Haladhara Thaler

Unterschiedlichste Rituale, eine Fülle von Gebärden und zahlreiche Farben wirken auf den Besucher ein, wenn er die Tempel der Welt besucht. Auf wunderbare und höchst vielfältige Weise wird von den Menschen immer der gleiche Gott geliebt, verehrt und angebetet.

Aus der Enge und Intoleranz des eigenen Dogmas, der eigenen religiösen Vorstellung, der Gewöhnung an ein bestimmtes Brauchtum oder der parteipolitischen Prägung herausscheinen die Unterschiede jedoch oft unüberwindlich zu sein.

Das Gebet, das Gespräch mit Gott, eint die Menschen auf sanfte, fast unmerkliche Weise. Es ist ein Rufen des Herzens, nicht etwa der Stimme oder der Lippen. Im Inneren ertönt es, Gott hört es. Im Gebet begegnen sich sinnbildlich jene, die zur gleichen Stunde und mit gleicher Intention beten. Es rührt an ihre Fähigkeit zu Liebe und Hingabe. Im Gebet sucht der Mensch die Begrenzungen zu überwinden, die ihm von seiner Umgebung, seinen sozialen Lebensbedingungen, der Gesellschaft, in der er lebt, und vor allem von ihm selbst, von seinen eigenen Vorlieben, Abneigungen und Ängsten gesetzt werden, um seinen Platz im Kosmos zu finden und in Beziehung zur allumfassenden Kraft zu gelangen. Nicht Gelehrsamkeit und hohe Bildung haben Einfluss auf die innere Kraft eines Gebetes. Ein Gebet ist ein zutiefst persönliches Erlebnis und deshalb vermag es kein noch so großer Zweifel, von außen herangetragen, den Betenden vom Beten abzuhalten. Im Gebet spricht der Mensch den Herrn des Weltalls aus geheimnisvoller Herzensnähe mit Du an, er sagt Ihm was ihn drückt, bewegt und auch beglückt. Er kann ein uraltes Gebet oder Mantra nutzen oder spontan improvisieren. Ein Gebet ist immer gültig. „In welcher Form auch immer man den Herrn kennt, so spricht man von Ihm. Daran ist nichts Falsches, denn alles ist in Gott möglich", schreibt der indische Vaishnava Krishnadas Kaviraj Gosvami in der Mitte des 16. Jahrhunderts. Und dieses „alles" bezieht sich auf alles und auf alle, die Guten wie die Bösen.

Wir finden in der Welt unterschiedliche Praktiken des Betens. Gemeinsam ist ihnen ihr Zweck: dem Menschen auf seinem Weg zu einer bewussten Selbstbesinnung hilfreich zu sein. „Wie versöhnlich und wunderbar ähnlich sich der in Schweigen verharrende Indio, der gegen Mekka kniende Moslem, der in Reglosigkeit verweilende Zen-Meister, der das heilige Mantra summende Hindu, der mit gesenktem Haupte das Herzensgebet verrichtende Ostchrist, der den Rosenkranz abtastende Katholik, der andächtig das Ave Maria flüstert, und der Quäker, der schweigend seine Andacht hält, einander doch sind", schreibt der Arzt Wladimir Lindenberg. Nicht alle Religionen verehren einen persönlichen Gott. Und doch sind diese Menschen keine Materialisten oder verneinen alle Glaubenslehren. Sie sind ebenso andächtig und ergeben sich, verneigen sich vor dem lebendigen Wirken des Alls.

Swami B. R. Shridhara aus Indien erzählte, wie er einmal, während seiner Studentenzeit die Universität verließ und auf einen nahegelegenen Hügel stieg. „Dort traf ich einen Sadhu und ich fragte ihn: ‚Hast du Gott gesehen? Kannst du mir Gott zeigen?' Der Sadhu antwortete auf so berührende und erleuchtete Weise: ‚Siehst du nicht? Siehst du Ihn nicht? Schau auf all die Dinge, die Umgebung, die

Bäume, das Wasser, die Aussicht, all diese Dinge. Betrachte die gesamte Umgebung. Kannst du Ihn nicht fühlen? Kannst du Ihn nicht sehen?' Er sprach in einer solch erleuchteten, inspirierenden Weise, dass ich in diesem Moment das Bewusstsein hinter allem sah. Ich fand, dass hinter allem, was immer auch vorhanden sei, eine spirituelle Existenz anwesend ist. Auf solch eindrucksvolle Weise sagte er: ‚Siehst du Ihn nicht? Betrachte den Himmel, die Bäume, Er ist dort, Er ist überall. Siehst du nicht? Nur Er ist da.‘"

Am ehesten beten Menschen in der Not. „Leid ist der beste Kutscher zur Vollkommenheit", schrieb Angelus Silesius. Menschen die auch im Überfluss der Freude beten, lehren dadurch, dass die Verbindung mit der helfenden göttlichen Kraft auch ohne Unterbrechung bestehen kann. Sie betreten im Gebet einen unsichtbaren Tempel, in dem sie sich bewusst der höheren Kraft ergeben.

Außer Dir habe ich keine Hoffnung, und ich hänge einzig von Deinem Willen ab. Ich lebe und sterbe in Übereinstimmung mit Deinem Willen.

So betete Bhaktivinoda Thakura, der in neuerer Zeit das Verständnis der Bhakti-Philosophie, der indischen Gottesliebe besonders tiefgründig vermittelte.

Höchster, glorreicher Gott, erleuchte die Finsternis meines Herzens und schenke mir rechten Glauben, sichere Hoffnung und vollkommene Liebe. Gib mir, Herr, das rechte Empfinden und Erkennen, damit ich deinen heiligen und wahrhaften Auftrag erfülle.

So betete der große Heilige der katholischen Kirche, Franz von Assisi.

Der evangelische Theologe Dietrich Bonhoeffer, von den deutschen Nationalsozialisten zum Tode verurteilt, betete in der Todeszelle:

Von guten Mächten wunderbar geborgen
erwarten wir getrost, was kommen mag.
Gott ist bei uns am Abend und am Morgen
und ganz gewiss an jedem neuen Tag.

Die Muslima Rabea Adwaia betete:

O Gott, was Du mir von der Welt geben willst,
gib es Deinen Feinden,
und was Du mir im Himmel geben willst, gib es
Deinen Freunden, denn Du selber genügst mir!

Wie verwandt klingen dazu die Worte des jüdischen Rabbi Salman, die er einmal mitten im Gebet sprach:

Ich will nicht Dein Paradies, ich will nicht Deine
kommende Welt,
ich will nur Dich allein!

Buddha empfahl seinen Nachfolgern:

Erhebe dich, zögere nicht!
Folge dem reinen Leben.
Wer der Tugend folgt, der lebt im Glück.

Einige der Betenden sprechen, denken und fühlen in Begriffen der hingebungsvollen Theologie, andere in Begriffen unpersönlicher Moralgesetze. Gemeinsam ist allen das Bestehen auf der Notwendigkeit sich vom Eigennutz zu lösen. Demut und Mitgefühl gegenüber jedem Lebewesen sind in allen Glaubensrichtungen die Grundlagen auf dem Weg zu geistiger Reife.

Die säkularisierte Welt mit ihrer Hast, ihrem Lärm, ihren Ablenkungen, Versprechungen und Oberflächlichkeiten hält den Menschen leicht davon ab, die Not anderer zu spüren. Sie hält ihn jedoch auch von dem wichtigsten Weg fern, dem Weg zu sich selbst, und da das Selbst ein Kind Gottes ist, verliert er auch den Weg zu Gott.

Der Materialismus, der mittlerweile die gesamte Erdbevölkerung erfasst hat, vertritt eine Abwendung von dem, was früher und auch heute für Milliarden Menschen unantastbare Wirklichkeit ist: Gott, Seine Gebote und die damit verbundenen moralischen und geistigen Werte. Ein fast unvorstellbarer Aufschwung der Wissenschaft und Technik seit Mitte des 19. Jahrhunderts, führte zu deutlichen Lebensveränderungen der Menschen in jeder Hinsicht. Die Wissenschaft geriet in der Folge mehr und mehr in den Bann materialistischer Anschauungen, in denen der Mensch an die Spitze der Schöpfung rückt. Fast unbemerkt erhielt der Raubbau an der Natur ein weltanschauliches Fundament. Der Materialismus ist in gewissem Sinn nicht nur Grundlage für eine Staatsform, sondern auch Religion geworden, eine Religion ohne Gott und ohne Geist.

Wir sind überzeugt, dass durch den materiellen Fortschritt niemand mehr zu hungern und zu frieren braucht. Die sozialen Sicherungssysteme sorgen dafür. Ob wir nun einer Kirche angehören oder nicht, wir legen damit die eigene Verantwortung in die Hände entsprechender Institutionen. Wir entfernen uns weit von der Weisheit der Religionen, die uns in den Mitmenschen und den Mitgeschöpfen Schwestern und Brüder erkennen lässt, Gottes Kinder.

Der Verlust der echten liebenden und dienenden Verantwortlichkeit ermöglichte es, dass im Zeitalter des „Humanismus" und der „sozialen Gerechtigkeit" die unerhörtesten Verbrechen an der Menschheit, den Tieren und der Natur begangen wurden und werden. Aldous Huxley sagte: „Es steht fest, dass die mystische Schau, das unmittelbare und intuitive Gewahren Gottes das Endziel des menschlichen Lebens ist, dass eine Gesellschaft nur insofern gut ist, als sie ihren Mitgliedern die Beschaulichkeit ermöglicht; und dass mindestens eine Minderheit von Beschaulichen für das Wohl jeder Gesellschaft unerlässlich ist."

Verantwortungslosigkeit hat aber die Antwortlosigkeit im Gefolge.

Der Verlust der eigenen „Mitte" ist ein Symptom unserer Zeit. In der Andacht, im Gebet sehen die weisen Männer und Frauen aller Kulturen nicht nur ein Gegengewicht, sondern den Weg zur Überwindung des kleinen Alltags-Ich, um eintauchen zu können in den weiten, bergenden Schoß Gottes, des Paramatman, des Kosmos'. Es bedarf dazu der Aufrichtigkeit und einer nicht ermüdenden, gelassenen Selbstdisziplin. Alle Völker und Religionen kennen Praktiken um zur Ruhe zu gelangen, um im Gebet nicht abgelenkt zu werden. „Das Himmelreich ist zum Greifen nahe", hat Jesus Christus gesagt. Dafür braucht es nach dem griechischen Bibeltext metanoia: Wandel im Denken.

1.2 Grundelement aller Religionen

Gunda Werner

Das Gebet ist Grundelement aller Religionen und Religionsformen. Können daher verbindende Kennzeichen und Merkmale gefunden werden? Was genau ist denn Gebet und was bedeutet es? Im Folgenden wird es um diese Fragen gehen und die Antworten suche ich in eher abstrakten Beschreibungen von Gemeinsamkeiten, die das Gebet als kommunikative Handlung ausmachen. Die Konkretisierungen werden im Weiteren für viele Religionen sowohl in der direkten Beschreibung als auch in den teilnehmenden Beobachtungen vollzogen.

Als übergreifendes Ordnungsschema für das Gebet bietet sich die Differenzierung zwischen Text, Akt und Interpretation an.[1] Die Texte geben einen Einblick in die jeweilige sprachliche und bildliche Kultur und sie eröffnen Perspektiven auf die Begründung, die jeweilige Theologie sowie die zugrundeliegende Religion. Wie bereits der Text kulturell bedingt ist, ist es der Akt als ritueller Ausdruck des Gebetes umso mehr. Die Interpretation verbindet beide Größen, Text und Akt, zu einer Einheit aus einer bereits entschiedenen Deutung heraus und beeinflusst beides auch wieder. In diesem Deutungszirkel kann nicht mehr ausgemacht werden, welche Größe eigentlich am Anfang stand. Es ist daher eher von einer Dialektik als von einer aufzulösenden Spannung auszugehen. Text, Akt und Interpreta-

---

1   Vgl. Gensichen, Hans-Werner, Gebet I, in: LThK, 3. Auflage, Bd. 4, Freiburg i. Br., Basel, Rom, Wien 1995: Sp. 308.

tion bedingen sich also gegenseitig und eröffnen Einsichten in den menschlichen Akt des Gebetes.

Das Gebet ist in Text und Akt eine menschliche Hinwendung und Zuwendung zur jeweils angenommenen und geglaubten Gottheit.[2] Das Gebet ist daher mit Religion eng verbunden. Es ist die erfahrbare und gelebte Anwesenheit von Religion. Daher ist das Gebet in allen Religionen zu finden, wenngleich die Texte und die Akte des Gebetes sehr variieren und von der jeweiligen Interpretation abhängig sind. Auch in den Religionsformen, die nicht durch Texte oder Geschichten tradiert werden, finden sich Akte wie beispielsweise Opferriten, die sich an die Gottheit richten.

Das Gebet hat im persönlichen Leben der Gläubigen einen festen Platz, sei es „als Bittgebet, als Sündenbekenntnis und Bitte um Vergebung, als Dankgebet für Korn, Reis und Regen wie meist zugleich neues Erbitten dieser Lebensgrundlagen – immer wieder neu als Bittgebet."[3] Dabei ist auffallend, dass das Gebet als Bittgebet die häufigste Verbreitung findet, oft begleitet von Opfern. So ist beispielsweise der Zusammenhang zwischen der persönlichen Kommunikation mit Gott im Glaubensbekenntnis an den einen Gott alttestamentlich eingerahmt in den tiefen Zusammenhang zwischen Vertrauen auf Gott und der Bitte an Gott. Dieser Dreierbezug von Bitte-Schuld-Vergeben ist Ausdruck sowohl des Vertrauens auf den einen Gott als auch des Bekenntnisses zu dem einen Gott, der eben aus Not rettet.[4] Der einzelne Betende ist selbst in der Ich-Per-

---

2   Vgl. Ratschow, Carl Heinz: Gebet I, in: TRE Bd. 12, Studienausgabe Berlin, New York 1993: S. 31.
3   Ratschow: S. 31.
4   Vgl. Wahl, Otto: Gebet II, AT, in: LThK 3. Auflage, Bd. 4, Freiburg i. Br., Basel, Rom, Wien 1995: S. 309.

spektive verwoben in das Kollektiv der Exilierten und Erretteten.

Im Bittgebet geht es weniger um das Erhört-Werden, sondern vielmehr um die vergewissernde Rede zu dem Gott, der Göttin, der Gottheit. Das Erhört-Werden steht weniger im Mittelpunkt. So sehr z. B. das Geschichtshandeln Gottes an seinem Volk in den Psalmen besungen wird, so sehr steht die Klage um das Nicht-Gehört-Werden daneben. Der Kern des Bittgebetes dreht sich um die persönliche Kommunikation und das Wissen um die eigene Bedürftigkeit. „Das Gebet meint den Gott und in ihm das, was er hat, nämlich Leben, Gesundheit und Überfluss an allen Lebensnotwendigen"[5]. Die Anerkennung Gottes wird über die Zuschreibung dieses Überflusses ausgedrückt, zugleich wird von diesem Gott, dieser Göttin, diesem göttlichen Wesen alles erwartet, was die Betenden erhoffen und erwünschen. Die wirkliche Hinterfragung des Bittgebetes als solches wird erst die Aufklärung mit ihrer fundamentalen Kritik am Gottesbegriff selbst bringen.

Das Gebet, so kann zusammengefasst werden, ist dialogisch. Deswegen ist es auch zu unterscheiden von einerseits der Beschwörung und andererseits der Anbetung. Will die Beschwörung durch Handlungen oder Worte einen Erfolg erzwingen, so ist die Anbetung die absichtslose, oft wortlose oder hymnisch vertonte Gegenwart der Anbetenden vor dem Göttlichen. Diese schematische Beschreibung ist in der Eindeutigkeit nicht in die Realität umzusetzen, macht aber die Unterschiede deutlich. Wenn Gebet also ein ständiger dialogisch-kommunikativer Ausdruck des Glaubenden ist, dann ist Gebet so etwas wie eine Religionsübung und darin

---

5   Ratschow: S. 31.

zugleich als „beschreibende Erhebung dieses Gottes und als ebenso beschreibende Darstellung des Menschen"[6] zu verstehen. Zugleich wird durch das Gebet der Abstand zum Göttlichen eingehalten, eine Haltung, die in der Anbetung bereits in der Mystik in Frage gestellt worden ist.

Darüber hinaus ist das Gebet aber auch die Ausdrucksform, mit der der betende Mensch ein Bewusstsein von sich selbst als betender Mensch und damit als in Beziehung zu seinem göttlichen Gegenüber stehend bekommt. Das Gebet ist zugleich also der Weg, den Platz im eigenen Leben einzuordnen. Eindrücklich wird dies in den exilischen Gebetstexten des Alten Testaments nach 586 v. Chr. ausgedrückt.[7] Die Betenden müssen sich im Exil mit sich selbst, ihrem Glauben und ihren Ritualen auseinandersetzen und eine neue Form finden, wie sie ihren Glauben im Gebet ausdrücken. Nachdem der rituelle Ort des Tempels nicht mehr zur Verfügung steht, kann dieser nur noch in der Trauer und in der Hoffnung Gegenstand des Gebetes werden, aber nicht mehr konkreter Ort des Gebetes sein. Der Glaube braucht neue Ausdrucksformen in der Kommunikation und einen Kult, der nicht auf den Tempel bezogen ist. Diese ortsunabhängigen Gebetsformen finden sich in anderen Religionen ebenso, in denen der heilige Ort zu einem Symbol transferiert wird, so z. B. der Gebetsteppich im Islam.

Das Gebet also kann in einem übergeordneten Ordnungsschema in Text, Akt und Interpretation unterteilt werden. Die Interpretation leistet eine grundlegende theologische und theoretische Einordnung des schon durch Kultur und Sprache vorgeformten Textes und der Akte und wirkt auf

---

6   Ratschow: S. 31 f.
7   Vgl. Wahl: S. 310.

diese ebenso wie Text und Akt auf die Interpretation. Das Wesentliche des Gebetes ist aber der betende Mensch, der im Gebet religionspraktizierend mit seinem göttlich geglaubten Gegenüber in eine Kommunikation tritt. Diese Kommunikation ist zugleich Ort und Realisierung der Religion und in der Regel als Bittgebet formuliert, dessen erste Sinngestalt in der Anrufung und Benennung der Göttlichkeit des Gegenübers als übersteigende Fülle besteht. Darin von Anbetung und Beschwörung verschieden bringt das Gebet noch die Klage in die Bitte ein. Der „Mensch [zeigt und hat, GW] so viel Personalität wie er in diesem dialogischen Offensein vor Gott da ist."[8]

---

8   Ratschow: S. 34.

2 Basistexte

2.1 Christentum
2.1.1 Einführung in das christliche Gebet

Br. Hermann Schalück ofm

Wie wir beten können

Alle Kulturen und Religionen kennen – wenn auch in sehr unterschiedlichen Ausprägungen – schweigendes oder verbales Beten. Quer durch alle Religionen ist es eine Tatsache, dass Menschen beten. Deswegen hat man das Gebet als ein Grundexistential des Menschen bezeichnet. Mit „Existential" bezeichnet die moderne Philosophie (Martin Heidegger) die wesentliche Bestimmung des Menschen oder im Menschen, ohne die er eben nicht Mensch wäre. Diese Richtung geht phänomenologisch vor: Sie beschreibt die Befindlichkeiten wie Angst, Liebe, Scham, Furcht. Das Gebet wäre also in diesem Sinn ein Ausdruck des Menschseins. Dieser Aspekt kann verschüttet, vielleicht auch bewusst aufgegeben werden. Aber es ist eine Tatsache, dass sich das Gebet in bestimmten Momenten zurückmelden kann, etwa als „Stoßgebet".

Auf jeden Fall ist das Gebet Ausdruck der Tatsache, dass der Mensch die Grundfähigkeit (Existential) der Kommunikation besitzt. Gemeint ist damit die Kommunikation nicht nur in Worten, sondern auch in Gesten und Körperhaltungen. Ja, auch Schweigen kann ein Akt der Kommunikation sein. Nach Ferdinand Ulrich ist Beten ein „geschöpflicher Grundakt", also Ausdruck des Bestrebens, die Begrenzungen, die er erfährt, zu überschreiten, etwa seine Hinfälligkeit und Sterblichkeit.

Gebet ist weiter in allen Religionen ein Ausdruck von Zuwendung, d. h. der Suche nach einem Gegenüber. Die Religionsphilosophie (Friedrich Heiler) spricht etwa von einem „Gebetsdrang", einem „unausrottbaren Gebetstrieb" des Menschen. Wir können also das Gebet als ein ursprüngliches, dem Menschen mitgegebenes dialogisches Geschehen bezeichnen, das mit dem Wesen und dem Dasein dem Menschen gegeben ist.

Natürlich kennen wir auch einige Leitworte der Religions- und Gebetskritik. Sie hat das Gebet radikal in Frage gestellt und sieht darin nichts anderes als eine denkerische Notlösung, als Selbstbetrug oder Selbsttäuschung. Weiter gilt das Gebet nicht selten als Zwanghaftigkeit, als ein fetischistisch – magisches – automatisches Geschehen. Umso dringender ist es deshalb, das christliche Gebet von seinem Ursprung her zu begründen.

Judentum und Christentum

Von Anfang an ist es wichtig anzuerkennen, wie sehr das christliche Gebet mit der jüdischen Tradition verwandt ist. Beide – Judentum wie Christentum – haben ja denselben Ursprung und deshalb auch mannigfaltige Gemeinsamkeiten in der Theologie und Praxis des Gebetes. Bleiben wir zunächst in der hebräischen Bibel, die die Christen Altes Testament nennen: Die biblischen Kennzeichen des Gebetes sind mit denen des modernen Verständnisses durchaus verwandt: Gemeint ist ein „Existential" der Schöpfung. Das heißt: Alles was Atem, Geist und Seele hat, besitzt auch eine Stimme und Fähigkeit zum Beten. Es ist so, als ob das Lob Gottes und der Dank für die je eigene Existenz in allem steckt, was geschaffen ist. Der Mensch ist gleichsam der

Vorbeter und Chorleiter. In Psalm 8 heißt es etwa: „Herr, unser Herrscher, wie gewaltig ist dein Name auf der ganzen Erde. Seh' ich den Himmel, das Werk deiner Finger, Mond und Sterne, die du befestigt. Was ist der Mensch, dass du seiner gedenkst, des Menschen Kind, dass du dich seiner annimmst? Du hast ihn nur wenig geringer gemacht als Gott, hast ihn mit Herrlichkeit und Macht gekrönt." Dieses im Alten Testament vorfindliche Beten ist in erster Linie das Staunen über die Schönheit und Ordnung des Kosmos und des Menschen. Es bezieht Sterne, Himmel, Regen, Wolken und Hagel ein, Wachstum und Ernte. Es fußt auf der Voraussetzung, dass Gott überall ist und dass er in seiner Schöpfung und in seinen Wegen mit dem Menschen grundsätzlich erkennbar und auch ansprechbar bleibt. Auch wenn es im Alten Testament immer wieder heißt, dass Gott ein „verborgener Gott" sei.

Beten als Rufen

Durch das Alte Testament zieht sich wie ein Leitfaden die Erfahrung, dass Beten im „Zuruf" geschieht und das Miteinander von Gott und Beter charakterisiert. Das kann mancherlei bedeuten, nämlich zurufen und herausrufen, anrufen und herbeirufen. Auch das Zusammenrufen ist gemeint. Der Beter[1] kennt Aufrufe, Hilferufe, Notrufe und Freudenrufe[2]. Dem Rufen des Menschen entspricht bei Gott das Hören. Gott hört. Er er-hört. Dieses Hören ist für ihn maßgebend. Bei Jesaia heißt es dementsprechend:

---

1 Bei der Nennung der männlichen Form wird die weibliche in der Regel mitgedacht.
2 Vgl. Ps 14, 4; 27, 7; 31, 18.

„Schon ehe sie rufen, gebe ich Antwort. Während sie noch reden, erhöre ich sie" (Jes 65, 24). Der Gott, der den Ruf des Beters hört, ist „ganz Ohr". Augustinus sagt: „Gott hat sein Ohr an deinem Herzen". Gott ist ein hörender, dem Menschen und der Schöpfung zu-hörender Gott. Ein sie erhörender Gott.

Das ist bis heute auch im Christentum gültig. Eine Initiative junger Christen in Palästina entstand angesichts der jüngsten Eskalationen von Gewalt. Bashar Fawadleh, Seelsorger in Palästina, betont, dass das Gebet vor allem dem Frieden in Jerusalem gelte, der „heiligen Stadt des Friedens", die in diesen Tagen erneut zum Schauplatz von blutiger Gewalt, Unterdrückung und Tod geworden ist. Zu dem Gebet sind alle Menschen eingeladen, auch Nicht-Christen: „Wir würden uns freuen, wenn auch Muslime und Juden kommen würden, damit wir gemeinsam zu Gott dem Allmächtigen und Barmherzigen beten, damit er die Herzen der Menschen berührt und alle von Hass, Angst und Rachegefühl befreit."

Beten als Loben und Klagen

Biblisches Beten hat das Leitwort: „Schön ist es, Gott zu loben" (Ps 147, 1). Lob ist die spontane Antwort auf empfangene Güte. Es setzt die Erfahrung von Bejahung voraus, all dessen, was man erfahren und erhalten hat. In der Schöpfung wie in der Zuwendung zum Menschen ruft Gott ihn aus Liebe an und teilt ihm seine Zuwendung mit. Loben ist die Antwort des Geschöpfes auf Gottes heilendes Handeln. Es befreit den Menschen und macht ihn heil. Das Lob Gottes kommt einem nicht immer leicht von den Lippen. Das Loben steht in einer Spannung zum Klagen. Beide, das

Beten aus der Freude und das Beten aus der Not gehören zum menschlichen Leben, wie schon Kohelet sagt: „Es gibt eine Zeit zum Weinen und eine Zeit zum Lachen, eine Zeit zum Klagen und eine Zeit zum Tanzen" (Koh 3, 4).

In der Tat, ein Großteil der alttestamentlichen Gebete sind Klagen[3]. Denn dazu dient die Klage, auszusprechen, was belastet. In der Regel sind es weniger die Symptome als vielmehr die gestörten Beziehungen zu Gott, zu sich selber, zum Leben. Das führt zur Aussage darüber, woran man letztlich leidet: An Gott, der sich ganz anders verhält, als erwartet. Das Klagen vollzieht sich oft in Fragen: Warum? Bis wann? Wie lange? Wozu? Darin liegt eine tiefe Sehnsucht nach einer gültigen Antwort. Indem er klagt, ist der Beter bereits auf dem Weg zur Hoffnung, zur Wendung seines Schicksals.

Beten als Warten

Das Gebet setzt den Beter in den Zustand des Wartens. „Ich hoffe auf den Herrn. Es hofft meine Seele. Ich warte voll Vertrauen auf sein Wort. Meine Seele wartet auf den Herrn, mehr als die Wächter auf den Morgen. Mehr als die Wächter auf den Morgen soll Israel harren auf den Herrn" (Ps 130, 5-7). Das Blickfeld des Beters geht oft von der Vergangenheit in die Zukunft. Von der tiefsten Verzweiflung in die überschäumende Freude am Leben. Dazwischen liegen Bitten, Vertrauen, Harren, Hoffen, Schweigen, Leiden, Wünschen. Sein Gebet nimmt nicht selten einen Charakter an, der persönlich ist, aber doch überindividuell. Es wird zur Schule der Erwartung, die Grenzen übersteigt. Dem Beter

---

3 Vgl. Ps 13; 17; 22; 31; 35-38; 140-143; Klagelieder 3; 5 u. a.

verwandelt sich die Zeit und das eigene Leben. Das Gebet wird zur Ausrichtung auf Gott und seine Verheißung. Die darin steckende Ausdauer und Zuversicht machen die Seele des Betens aus.

Das Gebet Jesu

Neutestamentliches Beten steht auf dem Boden des Alten Testamentes. Und es hängt entscheidend mit der Person Jesu und seinem Werk zusammen. Das Herzstück ist die Abba-Anrede an Gott, in dem sich sein einmaliges Verhältnis zum Vater spiegelt. Gott als Abba ist derjenige, dem er unbedingt vertraut. Er erscheint ihm als das große mütterlich-väterliche Du. Es will nur Gutes, ihn in unbedingter und freier Liebe bejahen und tragen. Es macht den absoluten Grund des Vertrauens offenbar. Dieses Gegenüber zu erfahren und dazu Du zu sagen fallen bei Jesus zusammen. Gebet und Existenz sind bei ihm eins.

„Jesus hat mit Gott geredet wie ein Kind mit seinem Vater: vertrauensvoll und geborgen, zugleich aber auch ehrerbietig und bereit zum Gehorsam" (Joachim Jeremias). Sein Leben ist vom Gebet getragen.[4] Das Gebet ist die Kraft, aus der Jesus lebt und leidet. Oft tritt er Außenstehenden und vor allem seinen Jüngern als Lehrer des Gebets entgegen[5]. Die Einmaligkeit und die Einzigartigkeit des Betens Jesu schlägt sich nieder in der Bitte der Jünger: „Herr, lehre uns beten", und der ihr entsprechenden Unterweisung Jesu.

---

4   Vgl. Lk 1, 5-6; Mk 14, 3-4; Joh 17.
5   Vgl. Mt 6, 5-8; Lk 11, 1-4; Joh 14, 13 ff.

Im Mittepunkt steht bei Jesus die Person der Vaters. Sinn und Ziel allen Betens sind bei ihm seine Nähe und Gegenwart, das Hereinbrechen seines Reiches und das Leben in der Welt. Beten im Sinne Jesu heißt daher vor allem Suchen (vgl. Lk 11, 9 f.). Wer betet, leidet unter dem unhaltbaren Zustand der Ferne, Fremde und Abwesenheit. Sie wird versinnbildlicht in der geschlossenen Tür.[6] Wer betet, muss hartnäckig sein und klopfen. Er darf sich nicht abschrecken lassen. So wird es zugleich zur Kraft zum Widerstand, die allen Hindernissen trotzt. Der Beter weiß im Grunde, dass Jesus die Tür ist (vgl. Joh 10, 7), durch die er Zugang hat[7]. Bitten ist in den Augen Jesu eine Kurzformel des Betens. Es gilt die Aufforderung: „Bittet, dann wird euch gegeben" (Mt 7, 7). Das weckt großen Mut und Vertrauen. Ähnlich klingt seine Aussage: „Alles, was ihr im Gebt erbittet, werdet ihr erhalten, wenn ihr glaubt" (Mt 21, 22). Das ist aber nur glaubwürdig, wenn man Jesus selber als Bittenden sieht: Denn er bittet mit einer Intensität, deren ein Sohn dem Vater gegenüber fähig ist. Alles empfängt er aus der Hand des Vaters, sein Leben und seine Sendung und sein Sterben. Es gibt nichts, worüber er verfügt. Er erbittet alles im Gehorsam von seinem Vater.

Es kann für den Glaubenden keinen Zweifel geben, dass Gott alle Bitten hört. Das gilt, auch wo die konkrete Bitte nicht erhört wird. Hans Schaller hat in diesem Zusammenhang vorgeschlagen, zwischen Erhörung und Erfüllung zu unterscheiden: „Mit Erhörung soll die ursprüngliche Zusi-

---

6 Vgl. Mt 25, 10; Lk 13, 22-30.
7 Vgl. Röm 5, 2; Eph. 18; Hebr 4, 16.

cherung Gottes, das Gebet jedenfalls in Betracht zu ziehen, gemeint sein. Mit Erfüllung beziehungsweise der Nichterfüllung soll das bezeichnet werden, was die geschichtliche Manifestation der göttlichen Antwort, das konkrete Ja oder Nein betrifft. Deshalb gibt es nach dieser Sprachregelung zwar nicht-erfüllte, aber keine nicht-erhörten Gebete."

Das immerwährende Gebet

Zu den Unterweisungen Jesu gehört, allezeit zu beten und nicht nachzulassen (Lk 18, 1). Das wird verbunden mit Fasten und Dienen (vgl. Lk 18, 1), mit Wachsamkeit (Lk 21, 36) und dem Wachbleiben Tag und Nacht (vgl. Lk 6, 12; 18, 7). Das wird in der neutestamentlichen Briefliteratur ständig wiederholt.[8] Es entspricht der Grundhaltung Jesu, der sich ständig im Angesicht des Vaters wusste. Im gleichen Sinne steht, wer betet, als Erwählter und Gerechtfertigter ständig vor Gott. Hinzu kommt noch ein anderes Motiv – das Verlangen und Ausschauhalten nach dem wiederkommenden Herrn. Das Gebet wird so zu einem Kennzeichen des Christen und der Kirche zwischen der Himmelfahrt und dem endgültigen Erscheinen des Herrn.

Damit wird auch ein Wort zum Jesusgebet, das vor allem der Ostkirche eigen ist. Diese Gebetsform, die vor allem den slawischen und byzantinischen Christen vertraut ist, besteht aus einer kurzen Anrufung des Namens Jesu, verbunden mit einer Anrufung seiner Barmherzigkeit: „Herr Jesus Christus, erbarme dich meiner. – Herr Jesus Christus, Sohn Gottes, erbarme dich unser". Mit dieser Anrufung wollte man das immerwährende Gebet verwirklichen. Schon im

---

8   Vgl. etwa Röm 1, 10; Eph 1, 16; 2 Thess 1, 11.

13. und 14. Jahrhundert wurde damit eine psychosomatische Technik verbunden, die durch die äußeren Bedingungen des Sitzens und vor allem durch die die Verlangsamung des Atmens gekennzeichnet ist. Das Aussprechen der Formel „Herr Jesus Christus, erbarme dich meiner" wurde mit dem Ein- und Ausatmen synchronisiert. Die „Aufrichtigen Erzählungen eines russischen Pilgers", dessen Ursprünge im Dunkeln liegen, machten das Jesusgebet als immerwährendes Gebet auch im Westen bekannt.

Ein Leitgebet – das Gebet des Herrn

Das Gebet des Herrn (Vaterunser) ist die wichtigste neutestamentliche Form des Betens. Es verbindet alle christlichen Konfessionen und ist zweifach in der synoptischen Tradition überliefert: Mt 6, 9-13 im Rahmen der Bergpredigt und Lk 11, 2-4 als Episode des lukanischen Reiseberichtes. Der Unterschied liegt nicht nur im Kontext, sondern auch im Umfang. Lukas hat fünf Bitten, Matthäus sieben.

Der Text stellt eine geschlossene Gestalt dar. Auf die Vateranrede mit dem Eröffnungswunsch der Heiligung des Namens folgt der Gebetswunsch nach dem Kommen des Reiches. Bei Matthäus ist er noch konkretisiert mit dem Wunsch nach dem Geschehen des Willens Gottes. Daraus ergeben sich drei Bitten im engeren Sinn: Um die irdische Grundlage für ein Leben auf das Reich Gottes hin (Brot), um Vergebung der Schuld und die Bitte um Bewahrung vor dem Abfall. Heinz Schürmann sagt dazu: „Was könnte es daneben noch für Bitten geben? Jesus sagt uns erschöpfend, was wir wünschen und erbitten sollen."

So ist es in der Tat: Als „Leitgebet" gibt das Vaterunser für das Beten nicht nur inhaltliche Anweisungen, sondern auch eine formale Anleitung. Und es ist ein „Kerngebet" für alle Zeiten. Bei Wahrung seiner Formgesetze und seines Inhaltes kann und darf es variiert und ausgebaut werden.

Schluss

Das christliche Gebet ist eine ständige Aufgabe und eine nie erfüllte Sehnsucht. Es ist eine wichtige Stimme im Chor der Menschheit, der auf verschiedene Weise auf Gott hört und stammelnd zu ihm spricht. Der Heilige Gregor von Nazianz sagt: „Man soll sich häufiger an Gott erinnern als man atmet."

2.1.2 Gebet im Christentum

Thomas M. Schimmel

Vorbemerkung

Wie Muslime und Juden sind auch Christinnen und Christen frei, sich ohne zeitliche Vorgaben und Umwege mit einem Klage-, Bitt-, Lob- oder Dankesgebet an Gott zu wenden. Anders als im Judentum und im Islam kennt das Christentum dabei neben diesem freien Gebet allerdings kein tägliches Pflichtgebet für den Normalgläubigen.[1]

Der sonntägliche Gottesdienst nimmt jedoch in vielen Konfessionen eine zentrale Rolle ein. Der Besuch wird häufig als obligatorisch angesehen. Die 2000-jährige Tradition des Christentums hat dabei viele Formen und Arten des Betens hervorgebracht. In den verschiedenen Konfessionen und Strömungen entstanden unzählige Formen von Gebetspraxis, Andacht und Sonntags- oder Werktagsgottesdienst. Diese können im Rahmen eines solchen Textes nicht alle vor- und dargestellt werden. Dieser Text beschränkt sich daher auf einen kleinen Ausschnitt aus der westlichen, also der römisch-katholischen bzw. der protestantischen Tradition und reißt das Thema daher nur an.

Das Gebet im Neuen Testament: Jesus und Paulus

In diesem Abschnitt soll ein kurzer Blick auf das Gebet im Neuen Testament geworfen werden. Dabei soll zum einen

---

1 Allerdings kennt das Christentum das Pflichtgebet für die Geistlichen. Vgl. Das Stundengebet, S. 51 ff.

geschaut werden, wie Jesus, als zentrale Figur des christlichen Glaubens, gebetet hat; und zum anderen sollen zwei Aspekte des Gebets vorgestellt werden, die Paulus, der dem Christentum zur globalen Ausbreitung verholfen hat, beim Beten wichtig waren.

Jesus

Aus den Evangelien, den kanonisierten Berichten über das Leben Jesu,[2] wissen wir, dass Jesus selbst gebetet hat. Er hat als gläubiger Jude regelmäßig verschiedene Synagogen[3] und den Tempel[4] in Jerusalem besucht und dort an Gottesdiensten aktiv teilgenommen. Doch auch bei anderen Gelegenheiten wird berichtet, dass Jesus betet.

So erzählen die Evangelisten, dass Jesus immer wieder die Einsamkeit suchte, um in Ruhe zu beten: Mal besteigt er einen Berg[5], mal verlässt er einen belebten Ort im Morgengrauen[6]. Seine Gebete sind Dankgebete[7], Lobpreisgebete[8] und Fürbittgebete[9]. Aber auch in der Verzweiflung wendet sich Jesus mit Gebeten an seinen Vater, so z. B. in der Stunde seiner Verhaftung[10] oder seines Todes[11]. Dabei benutzt er durchaus traditionelle jüdische Texte wie die

---

2 Die Synoden von Karthago und Hippo legten Ende des 4./Anfang des 5. Jahrhunderts fest, welche Berichte als gültige Schriften des Christentums zum Neuen Testament gehören sollten.
3 Vgl. z. B. Mk 1, 21.
4 Vgl. z. B. Joh 5, 14.
5 Vgl. z. B. Mk 6, 46 oder Lk 6, 12.
6 Vgl. Lk 4, 42.
7 Vgl. z. B. Joh 11, 41 – Dank für die Erweckung des Lazarus.
8 Vgl. z. B. Lk 10, 21 – Bei der Rückkehr der 72 Jünger.
9 Vgl. z. B. Lk. 22, 32 – Gebet für Simon Petrus.
10 Vgl. Mt 26, 39.
11 Vgl. Mt. 27, 46.

Psalmen[12] als Gebet oder formuliert frei[13]. Auffällig ist, dass Jesus im Gebet Gott „Abba (aram.) – Vater" nennt[14] und so seine vertrauensvolle Verbindung zu Gott zeigt.

Jesus gibt in den Evangelien aber auch immer wieder Hinweise, welche Wirkung Gebete haben bzw. wie man beten soll. So betont er, dass böse Geister[15] „nur durch Gebet" ausgetrieben werden können.[16] An anderer Stelle sagt Jesus, dass Gott die Bittgebete der Gläubigen erhört und ihr Verlangen erfüllt.[17] In der Bergpredigt gibt Jesus klare Hinweise, wie man zu beten habe: Er warnt vor öffentlichem und ostentativem Beten und dem gedankenlosen Beten mit vielen Worten. Jesus rät vielmehr, im Verborgenen zu beten.[18] In diesem Zusammenhang, empfiehlt er seinen Anhängerinnen und Anhängern, das „Vaterunser" zu beten.[19]

Paulus

Nach Paulus Auffassung, einem gesetzestreuen Juden mit römischem Bürgerrecht, der vor seiner Bekehrung der jüdischen Theologenschule der Pharisäer angehörte, hat mit dem Messias Jesus etwas vollkommen Neues begonnen.[20] Sicherlich haben die frühen Christinnen und Christen jüdi-

---

12 Vgl. ebd. – Jesus zitiert am Kreuz Psalm 22.
13 Vgl. Joh 11, 41 f. – Dank für die Erhörung durch Gott.
14 Vgl. Mk 14, 36.
15 Böse Geister würde man heute als psychische Störungen bezeichnen, die durch die Schatten der Vergangenheit ausgelöst werden.
16 Vgl. Mk 9, 29.
17 Vgl. Mk 11, 24 oder Joh 16, 24.
18 Vgl. Mt 6, 5 ff.
19 Vgl. Kap. 8.
20 Vgl. 2. Kor 5, 18.

scher Prägung noch in ihrer Tradition gebetet und das jüdische Pflichtgebet vollzogen. Mit der zunehmenden Glo-
balisierung des christlichen Glaubens und dem Anwachsen
der griechisch-christlichen Gemeinde geriet diese Form des
Gebets allerdings in den Hintergrund und neue Formen des
Gebets und des Gottesdienstes entstanden. Als Nachhall
des jüdischen Gebets, bekräftigen Christinnen und Christen
allerdings bis heute ihre Gebete mit dem hebräischen Wort
„Amen", das so viel wie „so sei es, gewiss, wahrhaftig" bedeutet.[21] Paulus zeigt allerdings in seinem Brief an die Ko-
rinther den Unterschied zur jüdischen Gebetsbekräftigung
auf, wenn er schreibt: „Und Gottes Sohn war ja nicht Ja
und Nein zugleich, sondern er ist das Ja in Person. Durch
ihn sagt Gott Ja zu allem, was er je versprochen hat. Deshalb berufen wir uns auf ihn, wenn wir ‚Amen' sagen"[22].
Christinnen und Christen bestätigen also mit jedem Amen,
dass Gott durch Jesus in dieser Welt handelt.

Als Betende stehen Christinnen und Christen nach
Paulus als Kinder vor Gott dem Vater. Paulus benutzt hier
das gleiche Wort wie Jesus: Gott ist „Abba", der Vater, der
Christinnen und Christen mit seinem Geist aus der Sklave-
rei des Alltäglichen und der Sachzwänge befreit und sie als
Kinder zu Erben seiner Herrlichkeit beruft.[23] Dieser Geist
hilft den Gläubigen zu beten, denn sie selbst sind unfähig,
die angemessenen Worte für die Ansprache an Gott zu finden.[24]

---

21 Auch Muslime bekräftigen ihre Gebete mit Amen.
22 2. Kor 1, 19-20. Alle Bibelzitate in diesem Beitrag aus: BasisBibel,
   Stuttgart 2010.
23 Vgl. Röm 8, 14 ff.
24 Vgl. Röm 8, 26.

Christinnen und Christen können an allen Orten beten. Sie müssen zur Vorbereitung des Ortes keine besonderen Vorkehrungen treffen oder sich einer bestimmten Richtung zuwenden.[25] Ort des gemeinschaftlichen Gebets, des Gottesdienstes, ist in der Regel das Kirchengebäude. In der römischen-katholischen Kirche sind Kirchengebäude besonders geweihte (konsekrierte) Räume, die für die Feier der heiligen Messe bestimmte Voraussetzungen erfüllen müssen.[26] Die protestantische Kirche kennt diesen besonderen Weihebegriff für gottesdienstlich genutzte Räume nicht. Viele, vor allem ältere Kirchengebäude, sind in west-östlicher Richtung gebaut: Der Altar als Sinnbild der Anwesenheit Christi, steht dabei im Osten, also in Richtung der aufgehenden Sonne, die ein Symbol für den auferstandenen Jesus Christus ist.[27]

Gebet im Gottesdienst

Der christliche Gottesdienst hat eine zweitausendjährige Entwicklung hinter sich und es gibt ihn in unzähligen Variationen. So haben die einzelnen christlichen Konfessionen viele eigene unterschiedliche Formen entwickelt: Die Feier der Heiligen Messe in der römisch-katholischen Kirche über Gospelgottesdienste der afroamerikanischen Protestanten

---

25 Vgl. Haasen, Jens: Gott am Bahnhof, in: Riewe, Wolfgang (Hg.): Glauben praktisch, Bielefeld 2012: S. 179 ff.

26 Vgl. Berninger, Simon: Katholische Kirche – Ort des aufgerissenen Himmels, in: Missionszentrale der Franziskaner (Hg.): Dem Glauben Raum geben – Grüne Reihe Nr. 112, Bonn 2014: S. 16 ff.

27 Vgl. Bärsch, Jürgen: Kleine Geschichte des christlichen Gottesdienstes, Regensburg 2015: S. 39.

bis zu Predigtgottesdiensten reformierter Gemeinden. Aber auch innerhalb der Konfessionen gibt es unterschiedliche Gottesdienstarten: Feierliche Pontifikalämter unter der Leitung eines Bischofs, schlichte Werktagsmessen, Wort-Gottes-Feiern oder Maiandachten seien als Beispiele aus der katholischen Welt genannt.

In fast allen christlichen Konfessionen gilt der Sonntag, also der Wochentag, an dem Jesus von den Toten auferstanden ist, als der Tag, an dem die Gläubigen zum Gottesdienst zusammenkommen.[28] In der römisch-katholischen Kirche gilt die Teilnahme an der Heiligen Messe sonntags und an Festtagen sogar als Plicht.[29]

---

28 Vgl. ebd.: S. 32.

29 „Die Kirche hat nie aufgehört, diese auf das innere Bedürfnis begründete Gewissenspflicht, die die Christen der ersten Jahrhunderte so stark empfanden, geltend zu machen, auch wenn sie es zunächst nicht für notwendig hielt, sie als Gebot vorzuschreiben. Erst später musste sie angesichts der Lauheit oder Nachlässigkeit mancher Christen die Pflicht zur Teilnahme an der Sonntagsmesse deutlich zum Ausdruck bringen: In den meisten Fällen hat sie das in Form von Ermahnungen getan, manchmal aber musste sie auch klare kirchenrechtliche Verfügungen treffen. Das war der Fall bei verschiedenen Partikularsynoden seit dem 4. Jahrhundert (so bei der Synode von Elvira im Jahr 300, die nicht von Pflicht, sondern von strafrechtlichen Folgen nach dreimaliger Abwesenheit von der Sonntagsmesse spricht) und vor allem ab dem 6. Jahrhundert (wie bei der Synode von Agde im Jahr 506). Diese Dekrete von Partikularsynoden führten, was ganz selbstverständlich ist, zu einer allgemeinen Gewohnheit mit verpflichtendem Charakter. Der Codex des kanonischen Rechtes von 1917 fasste zum ersten Mal die Überlieferung in einem allgemeinen Gesetz zusammen. Der derzeitige Codex bekräftigt es, indem er festlegt: ‚Am Sonntag und an den anderen gebotenen Feiertagen sind die Gläubigen zur Teilnahme an der Meßfeier verpflichtet'. Ein solches Gesetz ist normalerweise als Auferlegung einer ernsten Pflicht verstanden worden: das lehrt auch der Katechismus der Katholischen Kirche, und man versteht wohl den Grund dafür, wenn man sich überlegt, welche Bedeutung der Sonntag für das christliche Leben hat." Papst Johannes Paul II.: Apostolisches Schreiben „Dies Domini – an die

Gottesdiensten aller christlichen Konfessionen eigen ist, dass in ihnen gebetet wird. Bei den Sonntagsgottesdiensten der großen christlichen Konfessionen, also der evangelischen und der katholischen Kirche, scheint in den Sonntagsliturgien[30] das Grundmuster der alten Gottesdienste[31] durch: Der Gottesdienst beginnt in der Regel mit einem Psalmgebet. Darauf folgt das Schuldbekenntnis, das in der Anrufung Jesu und in der Bitte um Erbarmen und Vergebung gipfelt (Kyrie). Danach wird Gott, meist mit besonders prächtig-freudvoller Musik, gelobt (Gloria). Nach Gebeten, die der inneren Sammlung dienen und auf Lesungen aus der Bibel vorbereiten, folgen nach Evangeliumslesung bzw. Predigt (Auslegung) das Bekenntnis des Glaubens und die Fürbitten, mit denen die Gläubigen der Abwesenden, Toten und der in Not Geratenen gedenken. Der Gottesdienst endet, gegebenenfalls nach der Mahlfeier mit ihren eigenen Gebeten, mit Segenssprüchen und einem Dankgebet. Im Gottesdienst sind zwei Arten von Gebeten zu finden: Diejenigen, die immer gleich sind (Ordinarium) wie Kyrie oder Gloria, und solche, die von Sonntag zu Sonntag verschieden sind (Proprium) wie das Fürbittengebet.

Zwischen den einzelnen Abschnitten des Gottesdienstes wird in der Regel gesungen. Der heilige Augustinus soll gesagt haben: „Wer singt, betet doppelt", und so ist es kein Wunder, dass die Texte der Kirchenlieder Lob- und Dankgebete sind, die sich unmittelbar auf den Abschnitt des Gottesdienstes oder die Themen der Lesungen beziehen.

Bischöfe, den Klerus, die Ordensleute und an die Gläubigen über die Heiligung des Sonntags" vom 31. Mai 1998.

30 Liturgie ist die Ordnung des Ablaufes eines Gottesdienstes.

31 Vgl. Bärsch 2015: S. 30 und S. 44 ff.

Christinnen und Christen beten zu sehr unterschiedlichen Anlässen. So beten Ordensleute und Geistliche fünf Mal am Tag das Stundegebet.[32] Luther empfiehlt den Gläubigen, morgens nach dem Erwachen und abends vor dem Schlafen zu beten.[33] Viele Menschen sprechen vor und nach dem Essen Tischgebete. Geburt, Krankheit, Tod und andere einschneidende Ereignisse im Leben sind Anlässe für Bitt-, Lob-, Dank- oder Klagegebet, die frei formuliert oder aus Gebetsbüchern gelesen werden können.

Für viele katholische Christinnen und Christen ist das „Rosenkranzgebet" ein ständiger Begleiter: Das Rosenkranzgebet ist eine Abfolge von verschiedenen Gebeten[34] und Meditationen zum Leiden und Sterben Jesu.[35] Durch

---

32 Vgl. Das Stundengebet: S.

33 Z. B. Luthers Morgensegen: „Des Morgens, wenn du aufstehst, kannst du dich segnen mit dem Zeichen des heiligen Kreuzes und sagen: ‚Das walte Gott Vater, Sohn und Heiliger Geist! Amen.' Darauf kniend oder stehend das Glaubensbekenntnis und das Vaterunser. Willst du, so kannst du dies Gebet dazu sprechen: ‚Ich danke dir, mein himmlischer Vater, durch Jesus Christus, deinen lieben Sohn, dass du mich diese Nacht vor allem Schaden und Gefahr behütet hast, und bitte dich, du wollest mich diesen Tag auch behüten vor Sünden und allem Übel, dass dir all mein Tun und Leben gefalle. Denn ich befehle mich, meinen Leib und Seele und alles in deine Hände. Dein heiliger Engel sei mit mir, dass der böse Feind keine Macht an mir finde.' Als dann mit Freuden an dein Werk gegangen und etwa ein Lied gesungen oder was dir deine Andacht eingibt." Evangelisches Gesangbuch, Ausgabe für die Evang.-luth. Kirchen in Bayern und Thüringen, München o.J., Nr. 841,1

34 „Vaterunser", Ave Maria, Ehre sei dem Vater und dem Sohn und dem heiligen Geist.

35 Ausführlich zum Rosenkranz: Bouyer, Louis: Einführung in die christliche Spiritualität, Mainz 1965: S. 89 ff.

ständige Wiederholung hilft der Rosenkranz, in besonderer Weise meditativ zu beten.[36]

Franziskus von Assisi hat seinen Anhängerinnen und Anhängern empfohlen, immer, wenn sie eine Kirche sehen, zu beten: „Wir beten Dich an, Herr Jesus Christus – hier und in allen Deinen Kirchen auf der ganzen Welt. Und wir preisen Dich, weil Du durch Dein heiliges Kreuz die Welt erlöst hast!"

Gebetshaltungen

Beten hat neben dem sprachlichen Ausdruck immer auch einen körperlichen Aspekt. Mimik und Gestik spielen eine Rolle in der Kommunikation und Begegnung mit Gott.[37] Bestimmte Gebetshaltungen oder Gebetsrichtungen sind Christinnen und Christen allerdings nicht vorgeschrieben. So haben sich im Lauf der Jahrhunderte vielfältige Gesten und Körperhaltungen entwickelt, die oft an profane höfische Gesten aus der Antike und dem Mittelalter angelehnt sind.[38]

---

36 Ähnlich auch das Jesusgebet (Herzensgebet oder immerwährendes Gebet), bei dem der Name Jesus oder der Satz „Jesus, erbarme dich meiner" immer wieder wiederholt wird. Vgl. Rasch, Simone: Meditation mit dem Herzensgebet, in: Riewe, Wolfgang (Hg.): Glauben praktisch, Bielefeld 2012: S. 83 ff.

37 Heiler verweist darauf, dass es vor dem gesprochenen Gebet das Gebet der Gebärde gab. Vgl. Heiler, Friedrich: Das Gebet. Eine religionsgeschichtliche und religionspsychologische Untersuchung, Basel 1969: S. 98.

38 Vgl. ebd.: S. 109.

Stehen

Das Stehen ist die ursprüngliche Haltung während des christlichen Gebetes, wie es das Konzil von Nicäa schon im Jahr 325 festlegte.[39] Man wandte sich dabei nach Osten, der aufgehenden Sonne zu, die das Symbol der Auferstehung Christi ist. Stehen symbolisiert dabei die Ehrfurcht vor und die Hinwendung zu Gott.

Knien

Die Kniebeuge oder das Knien sind Ausdruck der Nichtigkeit des Beters gegenüber der Größe und Erhabenheit Gottes. Der betende Mensch macht sich noch kleiner, als er sowieso schon ist.[40] Mit der Kniebeuge, also einer kurzen Bodenberührung des rechten Knies, grüßen Gläubige Gott huldigend. In der katholischen Kirche geschieht dies in Richtung des Tabernakels.[41] Kniet der Gläubige beim Gebet, ist dies ursprünglich Zeichen der Bußfertigkeit und war nur an Bußtagen in der Kirche üblich. Heute wird in der katholischen Kirche bei der Eucharistiefeier häufig während der Wandlung gekniet und ist Ausdruck der Anbetung des Allerheiligsten, in dem Jesus anwesend ist.

---

39 Vgl. Podhradsky, Gerhard: Lexikon der Liturgie, München 1962: S. 359. Das Konzil verbietet sogar das Knien an Sonntagen und in der Osterzeit.

40 Vgl. Josuttis, Manfred: Der Weg in das Leben. Eine Einführung in den Gottesdienst auf verhaltenswissenschaftlicher Grundlage, Gütersloh 1991: S. 131.

41 Aufbewahrungsort der gewandelten Hostien.

Verneigen/Verbeugen

Die Verneigung oder Verbeugung ist eine Form der Ehrerbietung. Sie wird vor allem bei der Nennung des Namen Jesu oder Lobformeln (Doxologien) von Gläubigen praktiziert. In vielen katholischen Ordensgemeinschaften ist die tiefe Verbeugung an Stelle des Kniens üblich.

Sitzen

Sitzen ist eigentlich ein Zeichen von Herrschaft: Der Regent oder der Bischof thront sitzend, während das Volk und die Gemeinde steht.[42] Diese Aufteilung war bis zur Einführung von Kirchenbänken in der Reformation sowohl in protestantischen als auch in katholischen Kirchen üblich. Kirchenbänke sollten den Gläubigen helfen, die langen, oft über Stunden dauernden Gottesdienste durchzuhalten. Seit dem ist das Sitzen Ausdruck des aufnahmebereiten Hörens.[43]

Liegen

Liegend gebetet wird heute nur noch in seltenen Fällen. So liegen Ordensleute und Geistliche in der katholischen Kirche während der Anrufung der Heiligen während ihrer Weihe. Beim Liegen verbirgt der Betende sein Gesicht, um nicht in Gottes Antlitz zu schauen. Es ist die körper-

---

42 Vgl. Josuttis 1991: S. 111 ff.
43 Vgl. Berger, Rupert: Gebetshaltung, in: Schütz, Christian (Hg.): Lexikon der Spiritualität, Freiburg 1988: S. 448. Josuttis beschreibt interessante psychologische und soziale Folgen bei den Gläubigen durch die Einführung von Kirchenbänken: Vgl. Josuttis 1991: S. 122 ff.

lich drastischste Form, seine Demut und Unterwerfung vor Gott zu zeigen.

Falten der Hände

Während des Gebetes falten Christinnen und Christen in der Regel die Hände. Dabei legen sie entweder die Handflächen flach aufeinander oder sie legen die Hände ineinander oder sie verschränken die Finger miteinander. Das Händefalten ist eine Hilfe, sich in das Gebet zu vertiefen und die innere Mitte zu finden. Die Hände bleiben ruhig und der Gläubige macht deutlich, dass jetzt nichts zu tun ist, außer ruhig zu sein. Es symbolisiert aber auch die Gebundenheit des Gläubigen: Wie ein Gefangener, dem die Hände gebunden sind, steht der Gläubige vor Gott und muss sich dessen Willen unterwerfen. Er kann aber auf Erhörung hoffen. Eine ähnliche Bedeutung hat die Gebetshaltung, bei der die Arme über der Brust gekreuzt werden.

Bei manchen Gebeten öffnen Gläubige die gefalteten Hände nach oben, wie um Wasser zu schöpfen.[44] Diese Geste zeigt die Bereitschaft, Gottes Wort und seinen Entschluss zu empfangen und offen zu sein für seine Entscheidungen.

Arme ausbreiten/Arme in die Höhe recken

Bei manchen Gebeten heben Gläubige die Arme. Es ist die Steigerung des Stehens. Der Gläubige wendet sich ganz Gott zu und reckt, wie ein kleines Kind, das auf die Arme seiner Eltern will, die Arme in die Höhe zu Gott.[45]

---

44 Z. B. beim „Vaterunser".
45 Vgl. Heiler 1969: S. 105.

Gebetsutensilien

Zur aktiven Teilnahme am Gottesdienst mit seinen zahlreichen Liedern und Gebetstexten benötigt der Gläubige in der Regel ein Gesangbuch, in dem die wichtigsten Lieder und Gebetstexte sowie der Ablauf des Gottesdienstes zu finden sind. Evangelische und katholische Kirche haben für den deutschen Sprachraum Gesangbücher, die in allen Kirchen- und Pfarrgemeinden benutzt werden. Diese Gesangbücher können auch für das persönliche Gebet herangezogen werden. Einige Kirchengemeinden haben zusätzliche Gesangbücher mit eigenen Liedern und Texten.

Für den oben erwähnten Rosenkranz oder das Jesusgebet gibt es eine Perlenkette[46] mit 59 verschiedengroßen Perlen. Sie soll den Gläubigen helfen, sich in das Gebet zu vertiefen.

Anrufung der Heiligen

Eine besondere Form des Gebetes in der katholischen Kirche ist die Anrufung der Heiligen. Sie wird oft missverstanden als Anbetung von Heiligen, was dem monotheistischen Charakter des Christentums widersprechen würde. Viele Gläubige rufen Heilige in Notsituationen zur Hilfe im Gebet an.[47] Dass Heilige angerufen werden können, hängt mit dem Begriff der Katholizität zusammen, der allumfassend

---

46 Ähnliche Gebetsketten gibt es auch in anderen Religionen. S. a. Gebet im Islam: S. 100 ff. und Gebet im Hinduismus: S. 108.

47 Hier haben sich traditionelle Zuständigkeiten ergeben, die oftmals mit dem Lebenslauf der Heiligen zu tun haben: So ist der heilige Antonius für Verlorenes zuständig, weil ein junger Ordensbruder seinerzeit das Gebetbuch des Heiligen mitgenommen hatte, es aber wieder zurückbrachte, nachdem ihm Antonius wiederholt erschienen war.

oder weltumspannend bedeutet. Dies ist nicht nur räumlich gemeint, sondern auch zeitlich: Auch durch die Zeit sind wir mit allen Menschen verbunden und können auf sie hoffen. Zum anderen werden biblische Texte so ausgelegt, dass die Verstorbenen schon jetzt bei Gott sind. So etwa, wenn es im 1. Thessalonicherbrief des Paulus heißt: „und seid bereit, wenn unser Herr Jesus mit allen Heiligen wiederkommt"[48].

Grundgebete

Das „Vaterunser" ist das Gebet, das Jesus seinen Anhängern zu beten aufgetragen hat. Es verdichtet die christliche Spiritualität in wenigen Worten:

„Vaterunser" im Himmel
Geheiligt werde dein Name.
Dein Reich komme.
Dein Wille geschehe,
wie im Himmel, so auf Erden.
Unser tägliches Brot gib uns heute.
Und vergib uns unsere Schuld,
wie auch wir vergeben unsern Schuldigern.
Und führe uns nicht in Versuchung,
sondern erlöse uns von dem Bösen.

---

48 1. Thess 3, 13.

Das Apostolische Glaubensbekenntnis ist neben dem Nicänischen Glaubensbekenntnis[49] wohl das bekannteste Bekenntnis des Glaubens der Christen. Es fasst die Grundsätze des christlichen Glaubens kompakt in zwölf Artikeln zusammen. Der Legende nach sollen diese zwölf Artikel von den zwölf Aposteln verfasst worden sein. Entstanden ist das Apostolische Glaubensbekenntnis vermutlich aber erst im 4. Jahrhundert aus einem römischen Taufbekenntnis.

Ich glaube an Gott, den Vater,
den Allmächtigen,
den Schöpfer des Himmels und der Erde.
Und an Jesus Christus,
seinen eingeborenen Sohn, unsern Herrn,
empfangen durch den Heiligen Geist,
geboren von der Jungfrau Maria,
gelitten unter Pontius Pilatus,
gekreuzigt, gestorben und begraben,
hinabgestiegen in das Reich des Todes,
am dritten Tage auferstanden von den Toten,
aufgefahren in den Himmel;
er sitzt zur Rechten Gottes,
des allmächtigen Vaters;
von dort wird er kommen,
zu richten die Lebenden und die Toten.
Ich glaube an den Heiligen Geist,

---

49 Das Nicänische Glaubensbekenntnis wird auch das Große Glaubensbekenntnis genannt, weil es umfangreicher ist. Es wurde auf den Ökumenischen Konzilien in Nicäa (325) und Konstantinopel (381) verfasst.

die heilige katholische[50] *Kirche,*
Gemeinschaft der Heiligen,
Vergebung der Sünden,
Auferstehung der Toten
und das ewige Leben.
Amen.

---

50 Evangelische Christen beten aus einem Missverständnis heraus „christli-
    che" Kirche. Katholisch meint an dieser Stelle nicht die römisch-katho-
    lische Kirche, sondern die allumfassende, weltumspannende Kirche.

2.1.3 Das Stundengebet – Die Tagzeitenliturgie in der katholischen Kirche

Br. Stefan Federbusch ofm

Zu den verschiedenen Gebetsarten des Christentums gehört das Stundengebet. Praktiziert wird es vor allem von den Mitgliedern der Ordensgemeinschaften sowie von Priestern. Den meisten Christinnen und Christen ist es eher fremd und gilt es Gebet für „Spezialisten". Für die ersten Christen[1] war die Feier der Tagzeiten die normale Form des täglichen Gemeindegottesdienstes. Die Eucharistiefeier war dem Sonntag und besonderen Festtagen vorbehalten. Heute gilt die „Heilige Messe" als die liturgische Form des katholischen Christseins. Ursprünglich also ein Gebet aller Christen, wird das Stundengebet als solches heute zunehmend von „Laien" wiederentdeckt. Neben dem persönlichen Gebet ist das Stundengebet, als das „öffentliche" und gemeinschaftliche Gebet der Kirche, die zweite Säule der Gebetsformen. Sinn und Zweck dieses Gebetes ist die „Heiligung" des Tages und aller menschlichen Tätigkeiten. Es geht nicht um religiösen Hochleistungssport, sondern um ein Sein in der Gegenwart Gottes entsprechend dem Gebot Jesu, allezeit zu beten[2]. Gemäß der kürzesten Definition für Religion, nämlich Unterbrechung (Johann Baptist Metz), unterbricht das Stundengebet das Alltagsgeschehen und ordnet es auf Gott hin. Es schafft ein fruchtbares Wechselspiel aus Gebet und Arbeit (ora et labora). Aus dem Lob-

---

1 Bei Nennung der männlichen Form wird i. d. R. die weibliche mitgedacht.
2 Vgl. Lk 18, 1 und 1 Thess 5, 17: „Betet ohne Unterlass!"

preis und der Verherrlichung Gottes erwächst die Kraft für die christliche Durchdringung des Alltags. Das dort Erfahrene und Gelebte wird wieder vor Gott getragen.

Die Bezeichnung „Stundengebet" verweist nicht auf Dauer, Inhalt oder Methode des Betens, sondern auf dessen Zeitpunkt. Es wird daher auch „Tagzeitenliturgie" genannt. Zu bestimmten Zeiten des Tages wird das dafür vorgesehene Gebet verrichtet. Die neun Gebetszeiten tragen lateinische Namen und zeigen mit ihnen ihren Zeitpunkt im Laufe eines Tages an. Den Rahmen bilden als Angelpunkte das Morgengebet „Laudes" (laus = Lobpreis) und das Abendgebet „Vesper" (vespera = Abendstunde). Dazwischen finden sich die drei kleinen Horen (von lat. hora = Stunde). Nach römischer Zählung beginnt der Tag mit dem Sonnenaufgang gegen 6 Uhr am Morgen. Dementsprechend ist die „Terz", die dritte Stunde, um 9 Uhr am Vormittag, die „Sext", die sechste Stunde, um 12 Uhr am Mittag, und die „Non", die neunte Stunde, um 15 Uhr am Nachmittag. Diese Zeiten beziehen sich auf die Kreuzigung Jesu zur dritten Stunde (Mk 15,25), auf die Finsternis zur sechsten Stunde (Mk 15,33) und auf den Tod Jesu zur neunten Stunde (Mk 15,34). Gebete während der Nacht nennen sich „Vigilien" (vigilia = soldatischer Wachdienst – in der militärischen Praxis wurde die Nacht in vier vigilae unterteilt) oder „Nokturnen" (nocturnus = nächtlich). Der Tag wird begonnen mit der „Matutin" (matutina = Morgenstunde) und beendet mit der „Komplet" (completorium = Vollendung/Abschluss), dem Nachtgebet. Zusätzlich gibt es die „Lesehore" (= Lesestunde), die zeitlich frei gewählt werden kann. Angemerkt sei, dass nach biblischer und frühchristlicher Tradition der Tag mit dem Sonnenuntergang beginnt. Im Stundengebet macht sich dies noch bei (Hoch-)Festen bemerkbar, wenn eine sogenannte Erste Vesper des Tages schon am Abend des Vortages gebetet wird.

Die Zahl der gemeinschaftlichen Gebetszeiten wird in den Ordensgemeinschaften jeweils eigenständig festgelegt. In den sogenannten „monastischen" Gemeinschaften[3], die ihren Schwerpunkt auf den Gottesdienst und das Gebet legen, werden mehr Zeiten gemeinsam gebetet[4] als in den „apostolischen" Gemeinschaften[5], die ihren Schwerpunkt eher in der Seelsorge und pastoralen Arbeit nach außen haben. Letztere beschränken sich zumeist auf Laudes, Sext und Vesper. Die anderen Zeiten werden „privat" gebetet. Dies entspricht der Mindestformel „dreimal tägliches Gebet"[6], die auch das Judentum kennt.[7]

Das Stundengebet ist ein Gebet, das sich zu großen Teilen aus der Bibel speist. Kern sind die Psalmen, die uralten Gebete der hebräischen Bibel, die das Christentum mit dem Judentum teilt. Ähnlich den Psalmen werden weitere biblische Gebetstexte, die Cantica[8], hinzugezogen, so dass die franziskanischen Gebetszeiten zumeist aus drei Psalmen (bzw. zwei Psalmen und einem Canticum) bestehen[9]. Vorgeschaltet ist ein Hymnus[10], der auf die jeweilige Tageszeit abgestimmt ist. Es folgen eine Kurzlesung aus der Bibel, ein

---

3   Bekannteste monastische Gemeinschaft ist der Benediktinerorden.
4   Vgl. Ps 119, 164: „Siebenmal am Tag lobe ich dich".
5   Apostolische oder tätige Ordensgemeinschaften, beispielsweise der Franziskanerorden oder der Jesuitenorden.
6   Vgl. Dan 6, 11.14.
7   Vgl. Gebet im Judentum: S. 58.
8   Cantica, lat.: Lieder.
9   Anmerkung: in der benediktinischen Tradition gibt es in der Zahl der Psalmen und der Reihenfolge der Elemente leichte Abweichungen.
10   Hymnus, griech.: Lobpreis.

Responsorium (Antwortdialog), ein Lobpreis (Benedictus am Morgen, Magnificat am Abend), Bitten (am Morgen) bzw. Fürbitten (am Abend), das Vaterunser, ein Schlussgebet und der Segen. Herausgebildet hat sich der „Vierwochenpsalter", d. h. alle 150 Psalmen sind auf vier Gebetswochen verteilt. In der fünften Woche beginnt der Rhythmus wieder von vorn. Zudem finden sich für die geprägten Zeiten von Advent/Weihnachten sowie Fastenzeit/Ostern bis Pfingsten eigene Texte. Dies gilt auch für Festtage und Heiligengedenktage. Für „Neueinsteiger" ist dies auf den ersten Blick häufig verwirrend und es braucht einige Zeit, sich in die Strukturen dieser Gebetsform einzufinden.[11]

Die inhaltlichen Motive des Stundengebets greifen mit ihren Bildern den Zyklus des Tages von Schlafen und Wachen, von Arbeiten und Ruhen, von Sonnenaufgang und Sonnenuntergang auf: am Morgen vor allem das Licht, das auf die Auferstehung Jesu verweist und auf Christus selbst als das „Licht der Welt". Mittags wird vor allem um einen Ruhepol in der „Mühe und Last" des Tages, um Kraft für die Arbeit gebetet. Abends ist es die anbrechende Dunkelheit, die auf die Sterblichkeit des Menschen verweist und die damit verbundene Bitte, dass Gott uns in der Nacht behüte. Die sich täglich wiederholenden Naturphänomene erhalten so eine theologische Deutung und werden bewusst

---

11 Es gibt daher neben dem „Großen Stundenbuch" die abgespeckte Version des „Kleinen Stundenbuchs", mit dem „Laien" im Alltag beten können. Hilfreich sind auch die Monatshefte „Magnificat" und „Tedeum", die jeweils für den Tag die passende Gebetszeit komplett enthalten und damit die Frage nach den richtigen Texten erübrigen. Seit einigen Jahren gibt es auch eine App für Mobiltelefone, die automatisch das richtige Stundengebet für den Tag und die Tageszeit anzeigt. Siehe auch Beitrag von Br. Natanel Ganter: Psalmengebet – das Fundament, das trägt: S. 176.

aus dem Glauben gelebt. Dies gilt ebenso für die zweite zyklische Zeiterfahrung, den Ablauf eines Jahres mit seinen Jahreszeiten, mit den Erfahrungen von Kälte und Hitze, von Regen und Trockenheit, von Wachstum, Erblühen, Reifen, Ernten und Absterben. Die kirchlichen Feste sind in diesen Naturzyklus mit ihrer Symbolik eingebunden (Weihnachten als Erscheinung des Lichtes am dunkelsten Tag des Jahres, Ostern als Fest der Auferstehung im Frühling usw.).

Das Stundengebet ist in unterschiedlicher Weise mit Leiblichkeit verbunden: Es gibt Teile, die im Stehen gebetet werden und Teile, die im Sitzen erfolgen. In monastischer Tradition erfolgt bei der Ehrerbietung des dreifaltigen Gottes („Ehre sei dem Vater und dem Sohn und dem heiligen Geist") eine Verneigung. Je nach Tradition und Möglichkeit werden Teile des Stundengebets gesungen. In Anlehnung an das Psalmwort „Mein Gebet steige vor dir auf wie Weihrauch, Herr, vor deinem Angesicht"[12] wird in manchen Gemeinschaften beim Magnificat Weihrauch benutzt.

Da die Psalmen in ihren Wurzeln bereits bis zu dreitausend Jahre alt sind, bestehen sie aus Sprachformen, die nicht mehr die unsrigen sind. Das macht es nicht einfach, sie heute zu beten. Dazu mögen die folgenden Aspekte hilfreich sein. Die Psalmen decken das ganze Spektrum der Gefühlslagen ab, in ihnen findet sich Jubel, Freude und Dank ebenso wie Trauer, Klage und Bitte. Auch wenn ich selbst gerade in einer anderen Stimmung bin, kann ich einen solchen Psalm stellvertretend als Resonanzraum für andere beten. Ein zweiter Gedanke ist die Rückbindung an die Wurzel unseres christlichen Glaubens und die Verbundenheit mit unseren jüdischen Schwestern und Brüder, für die die Psal-

---

12 Vgl. Ps 141, 2.

men ein ebenso kostbarer Gebetsschatz sind. Dabei gilt es, sich christlicherseits bewusst zu halten, dass Jesus Jude war und diese Gebete gesprochen hat!

Neben dem religionsverbindenden Element hat für mich die zeitliche Dimension eine hohe Bedeutung, und dies in doppelter Hinsicht: Beim Stundengebet reihe ich mich ein in die jahrtausendelange Schar der Betenden, reihe mich ein in die vielen Menschen, die vor mir gelebt, geliebt und gelitten, gehofft und geglaubt haben und die dies auch nach mir tun werden. Neben dieser eher linear-historischen Dimension gibt es die erdumspannende Dimension. Durch die unterschiedlichen Zeitzonen wird permanent gebetet. Wenn ich das Morgenlob beende, beginnen es andere in der nächsten Zeitzone, dann wieder die nächsten …, während weitere bereits beim Abendlob sind. Auch hier bin ich Teil einer großen Gebetsgemeinschaft. Als Mitglied einer Ordensgemeinschaft ist es eine weltweite Verbundenheit nicht nur allgemeiner Art mit meinen christlichen Schwestern und Brüdern, sondern eine spezifische mit den Schwestern und Brüdern der Franziskanischen Familie.

Mit diesen Aspekten kehrt das Stundengebet in das (Gebets-)Leben der Gemeinden zurück. Als die lateinische Sprache als Liturgiesprache festgelegt wurde, verlor das Stundengebet seine Bedeutung für das Volk. An seine Stelle traten volkstümliche Gebete wie das Vaterunser, das Gegrüßet-seist-du-Maria, der Rosenkranz und verschiedene Andachtsformen. Stattdessen wurden die Kleriker (Priester) verpflichtet, das Stundengebet zu absolvieren. Zu Beginn des 2. Jahrtausends verbreitete sich eine handliche Kleinausgabe der Tagzeiten, die auf Reisen mitgenommen werden konnte und sich Brevier (breviarium von brevis = kurz) nennt. „Brevier beten" wurde zum feststehenden Ausdruck des priesterlichen Tagzeitengebets. Heute finden sich verschiedenste Aktualisierungen bis hin zu „modernen" Texten, die allen Christen den Zugang erleichtern und das Stundengebet wieder an seinen ursprünglichen Ort zurückholen: in die betende Gemeinde.

2.2 Gebet im Judentum

Thomas M. Schimmel

Einleitung

Das Judentum ist reich an Gebeten. Für jede Gelegenheit gibt es Segenssprüche und Heiligungsgebete, die den Menschen zeigen, dass alles Tun auf Gottes Willen und Güte gründet. Das Gebet ist die Möglichkeit des Gläubigen oder der Gläubigen, mit Gott in eine Beziehung zu treten und sich so bewusst zu machen, dass es neben dem Alltag mit seinen Problemen und Abgründen etwas gibt, das erhaben ist und Erfüllung schenkt.

Einen Beitrag zu schreiben, der umfassend die Gebetstradition der jüdischen Religion darstellt, ist unmöglich. Zu groß ist der Reichtum an Spiritualität und Strömungen, die die jüdische Tradition durch die Jahrtausende getragen hat. Aber ein solcher Beitrag kann einen Spalt der Tür zu einer Schatzkammer öffnen und einen kleinen Eindruck über die Gebetspraxis von Jüdinnen und Juden vermitteln.

Kurze Einführung in das Judentum

Sowenig wie es das Christentum, den Islam oder den Buddhismus gibt, gibt es auch das Judentum nicht. Wie in allen anderen Religionen existieren im Judentum verschiedene Strömungen und Glaubensrichtungen, die sich aus unterschiedlichen Traditionen herausgebildet haben. Das Spektrum dieser Glaubensrichtungen reicht von liberal-säkularen bis hin zu orthodox-reaktionären Strömungen.

Die jüdische Religion sieht sich selbst als älteste und konsequent monotheistische Religion. Der Glaube an den einen transzendenten Schöpfergott, der weder fassbar noch greifbar ist, von dem man sich kein Bild machen darf, dessen Namen nicht ausgesprochen werden darf und neben dem es keine anderen Götter gibt, ist für das Judentum prägend. Als Religionsstifter gilt Mose, der das Volk Israel in der Sklavenschaft Ägyptens einigte und in das von Gott versprochene gelobte Land führte (ca. 1200 v. Chr.), das sich nach jüdischer Auffassung zwischen dem Fluss Jordan und dem Mittelmehr befindet.[1] Gleichzeitig bezieht sich der jüdische Glaube stark auf Abraham, der neben Isaak und Jakob zu den Erzvätern des Volkes Israel zählt. Die zwölf Stämme Israels wurden nach jüdischer Auffassung durch die Urenkel Abrahams und Söhne Jakobs, der auch Israel[2] genannt wird, begründet und waren nomadische Völker, die im 2. Jahrtausend vor Christus in das heutige Palästina kamen und eine gemeinsame Sprache und einen gemeinsamen Kult entwickelten. Da sich das Christentum als jüdische Abspaltung und der Islam, deren Stammvater nach eigener Auffassung Abrahams Sohn Ismail ist, auf Abraham berufen, nennt man diese drei Religionen auch die abrahamitischen Religionen.

Das Judentum ist anders als das Christentum und der Islam keine missionarische Religion. Sie ist soziologisch gesehen eine typische Volks- oder Stammesreligion, weshalb es heute schwierig ist, zwischen Religionszugehörigkeit und

---

1 Vgl. Gen 17, 7 ff.
2 Israel (hebr.) = Gotteskämpfer ist eigentlich ein Titel, den sich Jakob im Kampf mit dem Engel errungen hat. Vgl. Gen. 32, 25 ff.

Volkszugehörigkeit[3] zu unterscheiden. Jude oder Jüdin ist man durch Geburt, wenn die Mutter Jüdin ist. Ein Übertritt von einer anderen Religion zum Judentum ist zwar möglich, aber kompliziert.

Geprägt wurde das Judentum jahrhundertelang durch die patriarchalen Gesellschaftsmodelle, die in der Bibel vorzufinden sind. Die Schöpfungsgeschichte in Gen 2-3 erzählt, dass Eva, die erste Frau, aus Adams Rippe geschaffen und ungehorsam wurde. Damit wird die Unterordnung der Frau unter den Mann begründet. Es gibt aber auch starke Frauengestalten in der hebräischen Bibel wie Ruth, Debora, Lea oder Esther.

Dass die Frau im Judentum eine herausragende Stellung hat, wird an der Tatsache deutlich, dass die Zugehörigkeit zum Judentum über die Frau weitergegeben wird. Sie hat zudem liturgische Aufgaben in der Sabbatliturgie und wird „Priesterin des Hauses" genannt.

In den verschiedenen Strömungen des Judentums wird die Gleichberechtigung in den Synagogen sehr unterschiedlich gehandhabt. So sitzen in orthodoxen Gemeinden Frauen und Männer während des Gottesdienstes getrennt[4] und die Ämter werden nur von Männern übernommen, wohingegen in progressiven Synagogengemeinden Frauen und Männer gemischt sitzen und Frauen auch die Ämter der Kantorin und der Rabbinerin übernehmen können. In ihren Liturgien werden neben den Erzvätern auch die Erz-

---

3   Nicht zu verwechseln mit Nationalität. Menschen jüdischen Glaubens gehören zum Volk Israel, sind aber nicht unbedingt israelische Staatsbürger.

4   Der Bereich für Frauen befindet sich auf einer Empore oder im hinteren Teil der Synagoge, der in einigen Fällen durch einen Vorhang abgetrennt ist.

mütter Sarah, Rebekka, Lea und Rachel genannt oder die erste Prophetin Miriam.

Das Gebet an sich

Das Spontane und das liturgische Gebet

„Mein Gott nochmal!" – „Gott sei Dank" – „Um Gottes Willen!" – „So Gott will". Alle Menschen kennen das spontane Gebet. Wenn man etwas Schönes sieht oder wenn man entsetzt ist, entflieht es den Lippen. Genauso wie das Stoßgebet oder die spontane Fürbitte: „Das möge Gott verhindern". Es gibt unendlich viele Anlässe, in denen Menschen spontan beten, ohne es zu merken. Auch in der Bibel finden sich Beispiele für spontane Gebete, so z. B. wenn der Jude Jesus am Ölberg betet[5]. Dabei können diese Gebete unterschiedlich lang sein: Mose betet für sein Volk 40 Tage und 40 Nächte lang und für seine Schwester verwendet er nur vier Worte.[6]

Alle jüdischen Gebete der Bibel sind im Prinzip spontane Gebete – denn es existierten bis ins 9. Jahrhundert keine Gebetsbücher. Auch die Psalmen sind keine liturgischen Gebete, sondern Poesie, die in bestimmten Lebenssituationen entstanden ist, in denen Menschen sich befanden. Der amerikanische Rabbiner und Professor für jüdische Religion, Jakob J. Petuchowski merkt zu Recht an, dass solche Texte schwerlich in Liturgiekommissionen entstanden sein können.[7] Erst nach und nach entstanden ab dem 9. Jahr-

---

5 Vgl. Mk 14, 32 ff.
6 Vgl. Ex 34, 28 und Num 12, 13.
7 Petuchowski, Jakob J.: Beten im Judentum, Stuttgart 1976: S. 12.

hundert liturgische Bücher, in denen die spontanen Gebete von Gelehrten, großen Rabbinern und charismatischen Menschen gesammelt, aufgeschrieben und in den Gottesdienst eingebracht wurden. Sie werden heute noch bei Synagogengottesdiensten und privaten Gebeten verwendet und sind oftmals zur Liturgie erstarrt.

Lange Zeit wehrten sich die Gelehrten des Judentums dagegen, Gebete aufzuschreiben: Zu groß erschien ihnen die Gefahr, dass ein solches Gebetbuch die „Thora verbrenne", also entwerten könne.[8] Das Wort Gottes und die Beschäftigung darf nicht durch Liturgie verdrängt werden, denn das Studium der Thora ist nach jüdischer Auffassung der höchste Gottesdienst. Nicht umsonst nennt man im deutschen bzw. jiddischen Sprachraum die Synagoge häufig auch Schul- und Lehrhaus[9], da dort neben dem Gottesdienst auch das Studium der Thora stattfindet.

Das Gebet ist wie in allen Religionen auch im Judentum der „tiefste Ausdruck der Liebe"[10]. Und zwar der Liebe der Menschen zu Gott und der Liebe Gottes zu den Menschen. Im Judentum wird das besonders ausgedrückt in dem Gebot, dass der Mensch Gott von ganzem Herzen lieben soll[11]. Dabei spielt die Aufrichtigkeit des Gebetes, die Kawwanah, eine besondere Rolle. Das Wort ist, wie viele hebräischen Worte, schwer zu übersetzen und hat eine Vielzahl an Bedeutungen: Ausrichtung, Konzentration, Andacht, Innerlichkeit.[12] Symbole, Kleidung, Haltungen, Mu-

---

8   Ebd.: S. 11.
9   Vgl. Schoeps, Julius H. (Hrsg.): Neues Lexikon des Judentums. Gütersloh 1992: S. 443 f. (Synagoge).
10 Ben-Chorin, Schalom: Betendes Judentum. Die Liturgie der Synagoge, Tübingen 1980: S. 6.
11 Vgl. Dtn 11, 13
12 Petuchowski (1976): S. 11.

sik etc. bezwecken beim Gebet, die Kawwanah herzustellen bzw. zu halten.

Das Paradoxon des Gebetes

Gott spricht nach jüdischer Auffassung zu den Menschen in der Heiligen Schrift. Als Abbild Gottes darf der Mensch dem allmächtigen, allwissenden und majestätischen Gott im Gebet antworten. Und er wiederum antwortet uns wieder mit der Erhörung unseres Gebetes.[13] Aber ist das nicht paradox? Gott ist nach jüdischer, christlicher und islamischer Auffassung allwissend. Wenn wir mit unseren Anliegen und Sorgen zu Gott kommen, dann weiß er das alles doch schon. Wenn Gott alles vorbestimmt hat im Lauf der Welt, wie können wir dann Fürbitten vor ihn bringen? Man könnte es sich einfach machen und sagen, dass Gott in seiner Allmacht das Gebet schon vorgesehen habe.[14] Aber was hülfe das? Am Ende muss man sagen, dass Gott ein Geheimnis für uns Menschen bleibt. Er entzieht sich aller Logik und allen Intellekts. Im Judentum heißt es lapidar dazu: „Alles ist vorgesehen und die Wahl ist gegeben"[15].

Im Gebet stellt sich das Judentum bewusst in die Reihe der Erzväter und Erzmütter. Nicht umsonst beginnen viele Gebete mit der Formel „an unseren Gott und den Gott unserer Väter, Gott Abrahams, Gott Isaaks und Gott Jakobs". Petuchowski vergleicht das Gebet der Juden mit

---

13 Nach der Shoa hat sich jüdische Theologie bezüglich der Frage, ob Gott in das Weltgeschehen eingreift, stark verändert und zu kontroversen geführt. Vgl. Jonas, Hans: Der Gottesbegriff nach Auschwitz. Eine jüdische Stimme, Frankfurt a. M. 1984.

14 Petuchowski (1976): S. 17.

15 Ebd.: S. 16.

einem Schmuckteppich, an dem jede Generation einen Faden aufnimmt und den Teppich weiterwebt. [16] Der Jude[17] steht beim Gebet in der Tradition der vorherigen Generationen und der späteren Generationen. Darum sind überlieferte Gebete und Gebetsformeln wichtig. Gleichzeitig steht er in Gemeinschaft mit den Juden seiner Zeit. Dies wird u. a. deutlich beim jüdischen Gottesdienst: Für ein gemeinschaftliches Gebet sind mindestens zehn religionsmündige (männliche) Juden nötig. Dieses Quorum heißt Minjan[18]. Der Gottesdienst soll sich zudem überall ähneln, damit sich der Jude auch in der fremden Synagoge nicht allein fühlt.

Doch damit ergibt sich ein Dilemma: Die höchste Form des Gebetes ist nach wie vor das freie bzw. spontane Gebet. So heißt es bei Rabbi Elieser: „Wer sein Gebet nur als festgelegte Routine betrachtet, dessen Gebet ist kein andächtiges Flehen"[19]. Ausweg aus diesem Dilemma ist, dass man sich immer dessen bewusst ist und dass man hofft, dass die vorgeschriebenen Gebete der Großen eventuelle die eigenen Sorgen besser ausdrücken als die eigenen Worte.

Die Pflichtgebete

Für den gläubigen Juden sind drei Pflichtgebete am Tag vorgeschrieben, auch wenn sich in der Bibel kein Gebot ‚Du

---

16 Petuchowski, Jakob J.: Wie Juden beten, Gütersloh 1998: S. 32.

17 Bei der Nennung der männlichen Form wird in diesem Text die weibliche immer mitgedacht.

18 Hebr. Zahl. Die Zahl Zehn ergibt sich aus Gen. 18, 32. Vgl. Schoeps, Julius H. (Hrsg.): Neues Lexikon des Judentums, Gütersloh 1992: S. 316 (Minjan). In Reformgemeinden wird in der Regel die egalitäre Minjan praktiziert, d. h. Männer und Frauen bilden die Gruppe der religionsmündigen Gläubigen.

19 Zitiert nach Petuchowski (1976): S. 17.

sollst drei Mal am Tag beten' findet. Doch die Urväter Abraham (Morgengebet[20]), Isaak (Mittagsgebet[21]) und Jakob (Abendgebet[22]) begründeten entsprechende Traditionen[23] und auch verschiedene Propheten rufen in der hebräischen Bibel zum dreifachen Gebet auf.[24]

Nach der Zerstörung des Heiligtums der Juden, dem Tempel, im Jahr 70 n. Chr. fehlte dem Judentum der zentrale Ort des sakramentalen Opfers.[25] An Stelle der vorgeschriebenen Opfer und der Gottesdienste im Tempel traten das Morgen- und Mittagsgebet als Pflichtgebete, die bis zur künftigen Wiedererrichtung des Tempels in messianischer Zeit zwischenzeitlich Ersatz für die Opferhandlungen darstellen. Da am Abend im Tempel nicht geopfert wurde, bezieht das abendliche Pflichtgebet seine Begründung vor allem aus den biblischen Texten. Der Prophet Hosea legitimiert diesen Ersatz, wenn er sagt, dass wir „die Rinder unserer Lippen (opfern)"[26]. Diese täglichen Pflichtgebete können abends[27], morgens und nachmittags allein zuhause[28], am besten aber gemeinschaftlich in der Synagoge gebetet werden.

---

20 Vgl. Gen 19, 27.

21 Vgl. Gen 24, 63.

22 Vgl. Gen 28, 2.

23 Vgl. Trepp, Leo: Der jüdische Gottesdienst. Gestalt und Entwicklung, Köln 1992: S. 12.

24 Z. B. Daniel 6, 11.

25 Der Tempel war bis zu seiner Zerstörung 70 n. Chr. der zentrale Ort der Gottesverehrung und Kristallisationspunkt der israelitischen Identität. In ihm wurden in Gottesdiensten Tiere als Dank und zur Sühne geopfert. Vgl. Schoeps, Julius H. (Hrsg.): Neues Lexikon des Judentums, Gütersloh 1992: S. 449 (Tempelkult).

26 Hosea 14,3.

27 Der jüdische Tag beginnt am Abend mit dem Sonnenuntergang.

28 Daran hat wohl auch Jesus gedacht, als er gem. Matth. 6, 6 empfahl „Geh in Dein Zimmer und schließe die Tür". Offensichtlich empfand

Das Maariv, das Abendgebet, soll verrichtet werden, wenn die Sterne am Himmel auftauchen. Es besteht aus dem Schma Jisrael[29], dem Glaubensbekenntnis der Juden, und dem Schmone Esre, dem Achtzehn-Bitten-Gebet[30], sowie Psalmen und Segenssprüchen zu diesen beiden Hauptgebeten.[31]

Das Morgengebet – Schacharit – ist das umfangreichste der drei Pflichtgebete. Es soll möglichst bei Sonnenaufgang, auf jeden Fall aber bis zum Mittag verrichtet werden. Es besteht aus Benediktionen, Psalmen, Segenssprüchen und vor allem aus dem Glaubensbekenntnis und dem Achtzehn-Bitten-Gebet.[32] Vor dem Gebet werden die Hände gewaschen und zum Gebet werden der Tallit und die Tefillin angelegt.[33]

Das Mittagsgebet (Mincha) kann zwischen dem Mittag und dem Abend gebet werden. Viele Juden verbinden das Mittagsgebet mit dem Abendgebet. Der Zeitpunkt des Mittagsgebetes wird aus Gen. 24, 63 gefolgert, wo berichtet wird, dass Isaak gegen Abend auf das Feld ging, um zu beten. Im Tempel wurden um die Mittagszeit Speiseopfer dargebracht. Das Mittagsgebet besteht in der Regel aus dem Achtzehn-Bitten-Bebet und dem Tachanun, einem Beicht- und Flehgebet.

Der fromme Jude betet aber nicht nur zu den vorgeschriebenen Zeiten. Für ihn sind alle seine alltäglichen Tätigkeiten eine Art Gottesdienst und er begleitet sie mit

---

er das öffentliche Gebet in der Synagoge oftmals als scheinheilig.

29 s. S. 75.
30 s. S. 78.
31 Vgl. Lau, Israel M.: Wie Juden leben. Glaube, Alltag, Feste; Gütersloh 1988: S. 50 f.
32 Vgl. ebd.: S. 28.
33 s. S. 74.

Segenssprüchen: beim Genießen, beim Pflichterfüllen oder zum Lob und Dank. Die Formel ist immer ähnlich. So lautet der Segensspruch beim Händewaschen etwa: „Gesegnet seist Du, Herr unser Gott, König der Welt, der Du uns geheiligt hast mit Deinen Geboten und uns befohlen hast, die Hände zu waschen"[34].

In der Synagoge werden die Pflichtgebete als gemeinschaftliche Gottesdienste gebetet, wenn zehn religionsmündige Männer oder Frauen anwesend sind. Dort werden sie an Montagen und Donnerstagen[35] durch Lesungen aus der Thora ergänzt.[36]

Der siebte Tag der Woche, der Sabbat[37], ist der heiligste Tag, an dem absolute Ruhe gehalten wird und Arbeitsverbot gilt. Den gläubigen Juden ist es nur erlaubt, den Weg in die Synagoge zu gehen. Auf Feuer- oder Lichtanzünden und Kochen wird beispielsweise verzichtet. Alles für den Sabbat Notwendige wird am Tag vorher vorbereitet. Man badet vor Sabbatbeginn, reinigt die Wohnung und legt besondere Kleidung an. Kurz vor Sabbatbeginn werden die Kerzen von den Frauen der Familie angezündet. Dies wird mit Segenssprüchen begleitet. Anschließend geht man zum

---

34 Vgl. Schoeps, Julius H.: Neues Lexikon des Judentums, Gütersloh 1995: S. 315 (Mincha).

35 Für die Wahl dieser Wochentage gibt es mehrere Erklärungen: zum einen waren es in Jerusalem die Markttage, an denen viele Menschen in der Stadt waren; zum anderen sollen Juden nicht drei Tage ohne Thoralesung vergehen lassen. Dies lehnt sich an den Auszug der Israeliten aus Ägypten an, wo Gott sein Volk nicht drei Tage ohne Wasser gelassen hatte (Ex 15, 22).

36 Eine ausführliche Beschreibung und Erläuterung der Gottesdienste an Werktagen, Sabbaten und Feiertagen ist nachzulesen bei: Böckler, Annette: Jüdischer Gottesdienst, Wesen und Struktur, Berlin 2002.

37 Hebr.: Ruhen. Der Tag, an dem Gott nach dem Schöpfungswerk geruht hat. Er beginnt am Freitag mit dem Sonnenuntergang und endet am Samstag mit dem Sonnenuntergang.

Nachmittags- und Abendgebet in die Synagoge. Nach dem Gottesdienst versammeln sich die Familien daheim zum Abendessen, das mit Segenssprüchen, Weinsegnung (Kiddusch[38]), Brotsegnung, Liedern und besonderen Gebeten begonnen wird.[39]

Das Morgengebet des Sabbats folgt den gleichen Regeln wie dem des Werktages. Die Gebete, Segenssprüche und Lesungen sind am Sabbat jedoch umfangreicher als an normalen Werktagen. So wird im Jahreslauf die gesamte Thora an den Sabbaten in 54 Abschnitten gelesen. An den Montagen und Donnerstagen dagegen werden nur Teile dieser Wochenlesung vorgetragen.

Orte des Gebets

Der Ort des Gottesdienstes ist in der Regel die Synagoge[40]. Synagogein ist griechisch und heißt „Zusammenkommen". Im Gegensatz übrigens zum Wort ekklesia, von dem das Wort Kirche abstammt, das „die Herausgerufenen" heißt und in der Antike auch der Begriff der Volksversammlung war. Die beiden Begriffe zeigen den Charakter der Religionen: Das Judentum ist eine typische Volks- oder Stammesreligion[41], die nicht missionarisch ist, sondern an eine bestimmte Gruppe von Menschen gebunden ist. Der Zugang zu Gott geschieht über die ethnische Gruppe. Das Christentum dagegen ist, wie der Islam, eine Weltreligion.

---

38 Kiddusch (hebr.): Heiligung, Segensspruch.
39 Vgl. Trepp (1992) S. 12 f.
40 Gottesdienste können aber auch an anderen Orten, z. B. in Wohnungen gefeiert werden.
41 Vgl. Mensching, Gustav: Soziologie der großen Religionen, Bonn 1966: 184 ff.

Das bedeutet, dass dazugehört, wer sich zu dieser Religion unabhängig von seiner Herkunft bekennt. Der Zugang geschicht über das Individuum, was auch in den Glaubensbekenntnissen zum Ausdruck kommt. So lautet das jüdische Glaubensbekenntnis „Höre, Israel, der Herr, unser Gott, ist einer/einzig"[42], wohingegen das christliche apostolische Glaubensbekenntnis mit „Ich glaube an Gott" beginnt.

Es ist nicht klar, wann die Institution der Synagoge entstanden ist. Es gibt Stimmen, die die Entstehung in die Zeit der babylonischen Gefangenschaft legen (597–539 v. Chr.). Früheste archäologische Zeugnisse stammen aus dem 2. Jahrhundert vor Christus.[43] Zurzeit Jesu gab es neben dem Tempel[44] als Kultort auch in den kleinen Ortschaften Versammlungsstätten[45], in denen die Menschen zum Gebet zusammenkamen und in denen die Thora gelehrt wurde. Erst mit der Zerstörung des Tempels, des zentralen Kultortes der jüdischen Gemeinde (70 n. Chr.), und dem Exil vieler Juden dezentralisierte sich der Kult, und die Synagogen wurden zu den wichtigsten Orten religiösen Lebens.

Der Gebetsraum der Synagoge ist heute[46], wenn möglich, nach Osten ausgerichtet. An der Ostwand befindet sich der Schrein mit den Thorarollen, die durch Holzkästen oder Samtbezüge geschützt sind. Davor oder in der Mitte

---

42 Dtn 6, 4.
43 Vgl. Schoeps, Julius H. (Hrsg.): Neues Lexikon des Judentums, Gütersloh 1995: S. 439 f. (Synagoge).
44 Vgl. z.B. Mk 12, 41.
45 Vgl. z.B. Matth 4, 23.
46 Vgl. Nützel, Gerdi: Wo man sich versammelt. Die Synagoge in der Oranienburger Str.; in: Missionszentrale der Franziskaner (Hrsg.): Dem Glauben Raum geben. Religionen anhand ihrer Gotteshäuser erklärt, Grüne Reihe Nr. 112, Bonn 2014.

des Raumes befindet sich ein Lesetisch, auf dem die Rolle abgelegt wird, wenn aus ihr gelesen wird. Die Thora ist, wie oben schon erwähnt, in 54 Abschnitte geteilt, die am Sabbat vollständig verlesen werden, so dass im Laufe eines Jahres die ganze Thora gelesen wird. In Reformsynagogen gibt es oft auch Orgeln für die musikalische Gestaltung des Gottesdienstes. Orthodoxe lehnen den Gebrauch von Instrumenten ab.

In der Diaspora, also den Orten außerhalb Israels, sind Synagogen heute meist prächtige Bauten, da sie identitätsstiftende Funktion haben und Symbole des Selbstbewusstseins jüdischen Lebens sind. In Israel, wo Synagogen auch Bet-ha-Knesset – Haus der Versammlung genannt werden, ist dies nicht nötig.

Neben der Synagoge ist das eigene Haus oder die eigene Wohnung der Ort des Gebetes. Die Besonderheit eines jüdischen Hauses wird schon an der Eingangstür sichtbar. Am rechten Türpfosten hängt in jedem jüdischen Haus eine Mesusa.[47] Dies ist ein kleines Röhrchen mit dem jüdischen Buchstaben Schin (Beginn des Gottesnamen „Der Allmächtige"), in das ein Pergament mit Worten Gottes[48] gesteckt ist, die an seine Liebe und die Pflicht des Menschen, seine Gebote zu beachten, erinnern.

Zu Beginn des Sabbats findet am Abend nach dem Synagogengottesdienst die Sabbat-Feier im Kreis der Familie statt, die fast wichtiger ist, als der Gottesdienst in der Synagoge. Auch an Festen wie Pessach, Laubhüttenfest oder Chanukka stehen die eigene Wohnung und die Feier mit der Familie im Mittelpunkt.

---

47 Mesusa (hebr.): Türpfosten.
48 Dtn 6, 4-9 und 11, 13-21.

Übrigens soll ein jüdisches Haus nie vollendet sein, so lange der Tempel nicht vollendet ist. In den Häusern und Wohnungen ist die Ostwand häufig mit einem „Misrach"-Bild oder einem Teppich markiert, um anzuzeigen, in welcher Richtung Jerusalem liegt.[49]

Gebetshaltungen und Gebetsutensilien

Symbole und Gebetshaltungen sollen im Judentum den Gläubigen helfen, die Kawwanah des Betens zu unterstützen. Gebetet wird im Stehen oder Sitzen. Stehen ist Ausdruck der Ehrerbietung und des Respektes gegenüber der Heiligkeit Gottes. Darum steht man, wenn man mit Gott spricht oder die Thorarolle durch die Synagoge getragen wird.[50] Während der Lesungen und Erläuterungen sitzt man. Auch während des Schma Jisrael wird gesessen, da es in dem Gebet heißt: „und sprich von ihnen, wenn du in deinem Hause sitzt". An bestimmten Stellen des Achtzehn-Bitten-Gebetes verbeugt man sich. Gebetsrichtung ist, wenn möglich, der Osten, also Richtung Jerusalem, dem Ort, in dem bis 70. n. Chr. der Tempel stand, der wiedererrichtet wird, wenn der Messias kommt.

Häufig sieht man betende Juden wippen oder sich immer wieder verneigen. Dafür gibt es verschiedene Erklärungen. Die einen sagen, Bewegung helfe, zu lernen. Andere sehen darin den Ausdruck von Trance oder innerer Sammlung. Eine weitere Erklärung ist, dass die Betenden früher

49 Misrach (hebr.): Osten. Vgl. Neumann, Moritz u.a.: Shabbat Shalom: Streifzüge durch die jüdische Welt, Würzburg 2005: S. 123.

50 Vgl. Donin, Chajim Halevy: Jüdische Gebete heute. Eine Einführung zum Gebetbuch und zum Synagogengottesdienst; Jerusalem 1986: S. 42 f.

nur ein Buch hatten, um das sie herumstanden. Der jeweilige Vorleser beugte sich vor und die, die nicht lasen, beugten sich zurück. Dadurch entstand die Wippbewegung. Eine, und bei weitem nicht letzte Erklärung führt die Bewegung auf Psalm 35,10 zurück, der Ausgabe der Lutherübersetzung von 1984 lautet: „Alle meine Gebeine sollen sagen: HERR, wer ist dir gleich?"[51].

Während der Zeit des Tempels und kurz nach seiner Zerstörung gab es auch die Sitte des Niederkniens. Diese Sitte wurde allerdings verboten, als die Christen das Knien übernahmen. Wenn in bestimmten Gebeten die Heiligkeit Gottes erwähnt wird, stellen sich manche Juden auf die Zehenspitzen, um deutlich zu machen, dass sie ganz und gar zu Gott streben. Oder schließen die Füße eng zusammen, um einer Vorgabe im Buch Ezechiel zu folgen.[52]

Beim Bußgebet, dem Tachanun, im Morgen- und Nachmittagsgottesdienst, beugt der sitzende Betende den Kopf über den linken Arm und deute so zum einen das Niederwerfen an und erinnert zum anderen an die Haltung des Opfertieres, das auf die linke Seite gelegt wurde, bevor ihm die Halsschlagader durchgeschnitten wurde.[53]

Beim Gebet tragen Männer – auch die Gäste der Synagoge oder eines heiligen Ortes – eine Kopfbedeckung, in der Regel eine Kippa[54], ein kleines rundes Käppchen aus Stoff oder Leder. Diese Tradition, die auf kein biblisches Gebot zurückgeht, ist Ausdruck der Gottesfurcht, der Demut und

51 Vgl. Kolatch, Alfred J.: Jüdische Welt verstehen. 600 Fragen und Antworten, Wiesbaden 2011: S. 187
52 Ezechiel 1,7. Vgl. Kolatch, Alfred J.: Jüdische Welt verstehen. 600 Fragen und Antworten, Wiesbaden 2011: S. 179.
53 Schoeps, Julius H. (Hrsg.): Neues Lexikon des Judentums, Gütersloh 1992: S. 444.
54 Jiddisch: Kappel; slavisch: Jarmulke.

der Bescheidenheit.[55] Mit der Kopfbedeckung zeigt der Gläubige, dass er an Gott denkt, weshalb viele Juden, vor allem die, die der orthodoxen Strömungen angehören, permanent eine Kippa oder einen Hut tragen.[56] Lau vergleicht die Kippa mit einer Soldatenmütze: Der Träger bringt seine Bereitschaft zur Pflichterfüllung zum Ausdruck. Auch Frauen bedecken während des Gebets ihren Kopf.[57]

Während des Morgengebets trägt der Betende den Tallit, einen rechteckigen Gebetsmantel aus reinem Gewebe, an dessen vier Enden Schaufäden, hebräisch: Zizijot, angenäht sind. Diese Zizijot sind das eigentlich Wichtige: Es sind vier Schnüre, die den Betenden an die Einhaltung der Gebote Gottes erinnern sollen.[58] Die Zahl der Fäden, Knoten und Windungen der Fäden ergibt 613, die Anzahl der jüdischen Ge- und Verbote. Ein Tallit, dessen Quasten beschädigt sind, ist unbrauchbar. Fromme Juden tragen den ganzen Tag über den sogenannten Kleinen Tallit über der Unterwäsche, um permanent an die 613 Gebote erinnert zu werden.[59]

Beim Morgengebet wird das Schma Jisrael[60] gesprochen. Hier ist der Tallit nach jüdischer Tradition unabdingbar. Da im Mittagsgebet das Schma nicht gebetet wird und

---

55 Lau, Israel M: Wie Juden leben. Glaube, Alltag, Feste; Gütersloh 1988: S. 9.
56 Vgl. Böckler (2002): S. 147.
57 Verheiratet Frauen bedecken nach der Tradition ihr Haar mit einem Kopftuch, einem Hut oder mit einer Perücke. Schon im Hohelied wird das Haar als etwas sehr Sinnliches beschrieben. Es sollte darum in der Öffentlichkeit nicht gezeigt werden. Die Tradition, eine Perücke statt dem eigenen Haar zu zeigen, entstand in der Barockzeit, als von Frankreich ausgehend Perücken Mode wurden.
58 Num 15, 37-41.
59 Vgl. Böckler (2002): S. 139.
60 Im Schma Jisrael wird die Bibelstelle Num. 15, 37-41 zitiert.

das Abendgebet sich nicht an die Opferrituale im Tempel angelehnt, ist bei diesen Gebeten der Gebrauch des Tallit nicht üblich.[61] Der Leiter eines Gebetes trägt ihn allerdings immer. Das Tragen des Tallit ist keine Pflicht, sondern ein Brauch. Er umhüllt Schultern und Rücken. Um ungestört meditieren oder beten zu können, legen ihn manche Gläubige auch als Kapuze über den Kopf.

Der Gläubige legt nach dem Tallit zum Morgengebet unter Zitieren von Segenssprüchen in vorgeschriebener Weise[62] die Tefillin, die Gebetsriemen mit Kapseln, am rechten Arm und auf der Stirn an. Er folgt damit dem Gebot in Dtn 6,8: „Du sollst sie als Zeichen um das Handgelenk binden. Sie sollen zum Schmuck auf deiner Stirn werden." Die Tefillin werden allerdings nicht am Sabbat oder an Feiertagen getragen, da sie als Erinnerungszeichen an die Gebote Gottes bei der tagtäglichen Arbeit gedacht sind und der Sabbat arbeitsfrei ist.[63] Zudem spricht der Sabbat schon für sich, sodass Erinnerungszeichen nicht nötig sind. In den zwei ledernen Kapseln der Tefillin sind jeweils vier gleiche auf Pergament geschriebene Textabschnitte der Thora[64] enthalten. Beim Tefillin für den Arm werden die Texte auf ein einziges Pergament geschrieben und in die Kapsel gelegt, bei dem für den Kopf werden die vorgeschriebenen vier Texte auf vier Pergamente geschrieben und in eine Kapsel mit vier Kammern gesteckt.[65]

In der Synagoge verwenden die Gläubigen ein Gebetsbuch, das je nach liturgischer Ausrichtung der Gemeinde

---

61 Vgl. Donin (1986): S. 34.
62 Eine ausführliche Beschreibung bei Donin (1986): S. 38 ff.
63 Vgl. Donin (1986): S. 37 f.
64 Ex 13, 2-10; Ex. 13, 11-16; Dtn 6, 4-9; Dtn 11, 13-20.
65 Vgl. Böckler (2002): S. 43.

unterschiedlich ist. Orthodoxe Juden verwenden in ihren Gottesdiensten in der Regel nur die hebräische Sprache. Reformsynagogen moderne Übersetzungen.

Einzelne Gebete

Wie erwähnt, kenn das Judentum eine Vielzahl von gebotenen und freien Gebeten. An dieser Stelle soll auf drei der wichtigsten Gebete eingegangen werden: Das Glaubensbekenntnis, das Achtzehn-Bitten-Gebet und das Kaddisch.

Das Glaubensbekenntnis

Das Glaubensbekenntnis, das „Höre Israel", ist das wichtigste Gebet im Judentum. Es ist das einzige Gebet, das in der Thora ausdrücklich vorgeschrieben wird.[66] Alle anderen Gebete, bis auf Segenssprüche über Speisen, gehen auf Weise und Rabbiner zurück. Das Schma Jisrael muss abends und morgens gebetet werden:

> *Schma Jisrael, A-donaj E-lohejnu, A-donaj Echad.*
> *Höre Israel, der Ewige unser Gott, der Ewige ist*
> *Eins.*

Das Bekenntnis ist mit voller Andacht zu sprechen. Der Gläubige bedeckt dabei seine Augen. Das Gebet darf unter keinen Umständen unterbrochen werden, und wenn ein Gläubiger irgendwo vorbeikommt und hört, dass es gebetet wird, muss er es mitbeten.

---

66 Vgl. Dtn 6, 4.

Begleitet wird das Schma Jisrael von verschiedenen Lesungen aus der Thora, die leise gesprochen werden:[67]

Gesegnet sei der Name der Herrlichkeit seines Reiches für immer und ewig.

Du sollst den Ewigen, deinen Gott, lieben mit deinem ganzen Herzen und mit deiner ganzen Seele und mit deinem ganzen Vermögen. Und es seien diese Worte, die Ich dir heute auftrage, auf deinem Herzen. Schärfe sie deinen Kindern ein und sprich in ihnen, wenn du zu Hause sitzest und wenn du auf dem Wege gehst, wenn du dich hinlegst und wenn du aufstehst. Binde sie zum Zeichen an deine Hand, und sie seien als Denkband zwischen deinen Augen. Schreibe sie an die Türpfosten deines Hauses und deiner Tore.[68]

Und es sei, wenn ihr auf Meine Gebote, die Ich euch heute gebiete, wirklich hören werdet, den Ewigen, euren Gott zu lieben und Ihm zu dienen mit eurem ganzen Herzen und eurer ganzen Seele. Dann werde ich Regen eurem Land zu seiner Zeit geben, Früh- und Spätregen, und du wirst dein Getreide einsammeln, deinen Most und dein Öl. Und ich werde Gras deinem Feld geben für dein Vieh, und du wirst essen und satt werden. Hütet euch, dass euer Herz nicht verführt werde und ihr

---

67 Text in Seidler, Meir: Schma Jisrael. Einheit – Die jüdische Sicht, Kovar 1998; zitiert nach: Grünefeld, Jehonatan: Das Schma Jisrael im Morgengebet: http://www.talmud.de/pdformat/schma.pdf (abgerufen am 11.07.2018).
68 Dtn. 6, 4.

abweicht und anderen Göttern dient und euch vor ihnen verbeugt. Dann wird der Zorn des Ewigen wider euch entbrennen, Er wird den Himmel verschließen, und es wird kein Regen sein, und die Erde wird ihren Ertrag nicht geben, und ihr werdet schnell zugrunde gehen aus dem guten Land, das der Ewige euch gibt. Legt diese Worte auf euer Herz und auf eure Seele, bindet sie zum Zeichen an eure Hand, und sie seien als Denkband zwischen euren Augen. Ihr sollt sie euren Kindern lehren und in ihnen sprechen, wenn du zu Hause sitzest und wenn du aufstehst. Und schreibe sie an die Türpfosten deines Hauses und deiner Tore. Damit eurer Tage viele werden und der Tage eurer Kinder auf dem Erdboden, den der Ewige euren Vätern zugeschworen hat, ihnen zu geben, wie die Tage des Himmels über der Erde.[69]

Und der Ewige sprach zu Mose und sagte: Sprich zu den Kindern Israel und sage ihnen, sie sollen sich Schaufäden machen an den Ecken ihrer Kleider für ihre Geschlechter, und sie sollen an den Schaufäden an der Ecke je einen himmelblauen Faden anbringen. Und es soll euch zu Schaufäden sein, und ihr sollt sie sehen und euch an alle Gebote des Ewigen erinnern und sie tun, und ihr sollt nicht eurem Herzen und euren Augen nachspähen, denen ihr nachbuhlt. Damit ihr euch erinnert und alle Meine Gebote tut und heilig seid eurem Gotte. Ich bin der Ewige, euer Gott, der Ich euch aus dem

---

69 Dtn. 11, 13-21.

Lande Ägypten herausgeführt habe, euch zum Gott
zu sein. Ich bin der Ewige, euer Gott.[70]

Die Haltung beim Schma Jisrael hängt von den Sitten in
der jeweiligen Ortsgemeinde ab. Man kann es im Stehen
beten. In der Regel bete man es allerdings im Sitzen, da es
eigentlich Teil des Bibelstudiums ist und man beim Lernen
sitzt. Das Wort „Echad" (einzig) wird beim Aussprechen in
die Länge gezogen. Echad ist schwer zu übersetzen. Martin Buber übersetzt: „Höre Jisrael! Er unser Gott! Er einer!". Echad bedeutet ein, einzig, eine unteilbare Einheit
und macht den monotheistischen Charakter des jüdischen
Glaubens deutlich.

Die begleitenden Texte zum Schma Jisrael weisen auf
Gott als denjenigen hin, der die Regeln setzt, an die sich
die Gläubigen jederzeit zu erinnern und zu halten haben.
Sie erinnern aber auch an die einzigartige Liebe und Treue
Gottes zum Volk Israel.

Das Achtzehn-Bitten- oder Amida-Gebet

Das Achtzehn-Bitten- oder sogenannte Amida-Gebet ist
das zweite wichtige Gebet im jüdischen Glauben. Es ist das
zentrale Gebet im jüdischen Gottesdienst und besteht aus
19 Abschnitten[71]. Nachweisbar ist es erstmalig im 9. Jahrhundert n. Chr. Das Achtzehn-Bitten-Gebet wird im Stehen gebetet (darum auch sein hebräischer Name „Amida"
= Gebet im Stehen). Bevor es laut im Gottesdienst rezitiert

---

70 Num 15, 37-41.
71 Ursprünglich hatte es nur 18 Bitten. Am Sabbat und an Feiertagen besteht das Gebet nur aus sieben Bitten, d. h. die Bitten 4–16 werden nicht gebetet.

wird, betet es jeder Gläubige für sich und kann eigene Bitten einfügen.

Beim Amida-Gebet handelt es sich um ein Gebet, das sich an den Riten im Jerusalemer Tempel orientiert hat und darum ursprünglich nur morgens und nachmittags Pflicht war. Erst im Laufe der Zeit bürgerte sich ein, das Amida auch am Abend zu beten.

Grob kann man das Achtzehn-Bitten-Gebet in folgende Abschnitte teilen:

1. Erinnerung an die „Erzväter";

2. Erinnerung an die Machterweise Gottes;

3. Heiligung Gottes;

4.–16. Hauptteil – dieser bezieht sich auf konkrete Anliegen eines Tages. An Werktagen besteht der Hauptteil aus 13 Bitten für ein jüdisches Leben. Am Sabbat aus einer Bitte für einen guten Ruhetag und an Festtagen aus entsprechenden Bitten für das Fest. Im Mussaf (Zusatzgebet) am Sabbat und Festtagen enthält es zusätzliche Opferbestimmungen, am Neujahrsfest drei zusätzliche Abschnitte über ‚Gottes Königtum', ‚Gottes Erinnerung' und das ‚Schofarblasen';

17. Erinnerung an den Tempeldienst;

18. Dank;

19. Priestersegen und Friedensbitte.

Das Achtzehn-Bitten-Gebet wird – wenn möglich – im Stehen gebetet. Zu Beginn geht der Gläubige drei angedeutete Schritte vor und drei Schritte wieder zurück, um die Ehrfurcht vor Gott als dem König der Könige zu bezeugen. Beim Stehen hält man die Füße geschlossen und wendet sich in Richtung Jerusalem. Man faltet die Hände über dem Herzen. Bei der Formel „Gelobt seist du…" knickt man vielerorts leicht mit den Knien ein und deutet eine Verbeugung an.

Das Kaddisch

Das dritte wichtige Gebet, das an dieser Stelle vorgestellt werden soll, ist das Kaddisch. Anders als die beiden vorherigen Gebete, die ursprünglich nur in hebräischer Sprache gebetet wurden, besteht dieses Gebet aus hebräischen und aramäischen Teilen. Es ist unklar, wann das Kaddisch-Gebet entstanden ist.[72] Erste schriftliche Aufzeichnungen stammen aus dem 9. Jahrhundert.

Das Kaddisch-Gebet ist ein Heiligungsgebet, das es in verschiedenen Versionen gibt, die zu verschiedenen Anlässen gesprochen werden. Das sogenannte Halbkaddisch, ohne die aramäische Friedensbitte, wird in der synagogalen Liturgie verwendet. Es verbindet die einzelnen Teile der Liturgie. Nach dem Bibel- oder Talmudstudium wird das *Kaddisch nach dem Studium* gebetet, um Gott für das erworbene Wissen zu loben. Das *Kaddisch der Waisen,* die längste und bekannteste Fassung des Kaddischs, wird als Gebet für die Verstorbenen benutzt. Dabei wird das Gebet auf dem Friedhof am Grab des oder der Verstorbenen von den eigenen Kindern oder einem Verwandten rezitiert.[73] In den folgenden elf Monaten wird es dann täglich mit der Gemeinde (Minjan) während des dreimaligen Pflichtgebetes gesprochen. Bei allen Formen des Kaddischs betet ein

---

72 Vgl. Lehnardt, Andreas: Die Geschichte des Kaddisch-Gebets; in: Homolka, Walter (Hrsg.): Liturgie als Theologie: Das Gebet als Zentrum jüdischen Denkens, Berlin 2005.

73 Empfohlen sei der Film „Kaddisch für einen Freund", der das Zusammenleben von Arabern und Juden in Berlin-Kreuzberg thematisiert.

oder eine Gläubige vor und die Gemeinde antwortet bei der Aufforderung „Und sprechet:" mit „Amen".

Erhoben und geheiligt werde sein großer Name auf der Welt, die nach seinem Willen von Ihm erschaffen wurde – sein Reich soll in eurem Leben in den eurigen Tagen und im Leben des ganzen Hauses Israel schnell und in nächster Zeit erstehen. Und wir sprechen: Amen!

Sein großer Name sei gepriesen in Ewigkeit und Ewigkeit der Ewigkeiten. Gepriesen sei und gerühmt, verherrlicht, erhoben, erhöht, gefeiert, hocherhoben und gepriesen sei der Name des Heiligen, gelobt sei er, hoch über jedem Lob und Gesang, Verherrlichung und Trostverheißung, die je in der Welt gesprochen wurde, sprechet: Amen!

[Frieden in Fülle komme über Israel und über die Gelehrten, über die Studierenden und deren Schülerinnen und Schüler. Frieden in Fülle komme über jeden Menschen, der sich mit der Thora beschäftigt, sei es an diesem Ort oder an anderen Orten. Frieden in Fülle komme über sie und über euch und Erlösung von Gott, der Quelle des Lebens und Ursprung aller Weisheit, sprechet: Amen.][74]

Möge Erhöhung finden das Gebet und die Bitte von ganz Israel vor seinem Vater im Himmel, sprechet: Amen![75]

---

74 Dieser Abschnitt wird nur beim Kaddisch nach dem Studium gebetet.
75 Dieser Abschnitt wird beim Trauer-Kaddisch und beim Halbkaddisch weggelassen.

Fülle des Friedens und Leben möge vom Himmel herab uns und ganz Israel zuteil werden, sprecht Amen.[76]

Der Frieden stiftet in seinen Himmelshöhen, stifte Frieden unter uns und ganz Israel, sprecht: Amen.[77]

Das Kaddisch wird im Stehen mit geschlossenen Füßen gesprochen. Vor dem letzten Abschnitt des Gebetes, treten die Gläubigen drei Schritte zurück, verbeugen sich während des Sprechens erst leicht nach links, dann leicht nach vorne, leicht nach rechts und nochmal leicht nach vorne.

---

76 Dieser Abschnitt wird beim Halbkaddisch weggelassen.
77 Dieser Abschnitt wird beim Halbkaddisch weggelassen.

2.3 Gebet im Islam

Juanita Villamor-Meyer / Thomas M. Schimmel

Der Islam – Zugang

Bevor wir uns dem Gebet im Islam zuwenden, soll versucht werden, einen Zugang zum Islam zu legen. Diese Religion ist Christinnen und Christen auf der einen Seite sehr nah. Sie ist eine monotheistische Religion, die sich wie das Judentum und das Christentum auf Abraham und Mose beruft. Durch unterschiedliche politische und historische Ereignisse ist der Islam auf der anderen Seite sehr fremd und mit vielen Vorurteilen behaftet.

Der Islam ist die zweitgrößte Religion auf diesem Planeten und auf allen Kontinenten vertreten. In 40 Ländern bilden die Muslime die religiöse Mehrheit der Bevölkerung. Die größten muslimischen Länder sind Indonesien und Pakistan. Im gesamten ostasiatischen Raum leben die meisten Muslime, fast 45%. Insgesamt gibt es ca. 1,55 Milliarden Muslime, das sind ca. 23 % der Weltbevölkerung (Christen: 2,2 Mrd.).[1] Wir hier in Deutschland kommen in der Regel mit Menschen mit sunnitisch türkisch-anatolischem Hintergrund in Berührung, der aber nur 4,7% des Weltislam ausmacht.[2]

---

1 Vgl. https://de.statista.com/statistik/daten/studie/256878/umfrage/verteilung-der-weltbevoelkerung-nach-religionen/ [abgerufen am 10.07.2018].

2 Der Bevölkerungsanteil der Muslime im Jahr 2010 in Deutschland betrug – je nach Quelle – 4,2 bis 4,6 %, das sind etwa 4 Millionen Menschen. Davon werden 74 % der sunnitischen Richtung zugerechnet. Vgl. http://www.bpb.de/nachschlagen/zahlen-und-fakten/soziale-si-

Islam (vom arabischen Verb aslama) heißt übersetzt „sich hingeben" oder „sich ergeben". Das Wort bezieht sich auf Gott: „Sich Gott hingeben". Das Wort Muslim ist das Partizip dieses Verbes und bedeutet somit: „derjenige, der sich Gott hingibt"[3]. Der Halbmond und der Stern als Symbole des Islam sind Hinweise, dass die Astronomie und der Mondkalender für den Islam eine bedeutende Rolle spielen. So beginnt der Monat Ramadan erst mit Erscheinen der Mondsichel.

Die Fünf Säulen

In der Regel wird der Islam mit den sogenannten Fünf Säulen des Islam erklärt. Diese Fünf Säulen werden in der heiligen Schrift der Muslime, dem Koran, nicht ausdrücklich genannt, sondern nur angedeutet: In den Hadithen[4] wird definiert, was ein gläubiger Muslim oder eine gläubige Muslimin tun muss:[5]

- Die Schahada, das islamische Glaubensbekenntnis, beten;
- fünfmal täglich das Salāt, das Pflichtgebet, verrichten;
- einmal im Jahr die Zakāt, die Almosengabe, entrichten (ca. 5% dessen, was nach Abzug des Lebensunterhaltes übrig ist);
- im Ramadan fasten (Saum);

---

tuation-in-deutschland/145148/religionszugehoerigkeit [abgerufen am 10.07.2018].

3 Vgl. Ruthven, Malise: Der Islam. Eine kurze Einführung, Stuttgart 2000: S. 11 f.

4 Hadithe sind belegte Überlieferungen von Handlungen oder Aussprüchen des Propheten Muhammad.

5 Vgl. Schimmel, Annemarie: Die Religion des Islam, Stuttgart 2010, S. 34 ff.

- einmal im Leben die Haddsch, die Pilgerfahrt nach Mekka, vollziehen.

Genau genommen beantworten die Fünf Säulen aber nicht, was Muslime[6] glauben. Sie sind ja nur Handlungsanweisungen. Sie sind sozusagen nur Symptome der Religion. Fragt man einen Muslim oder eine Muslimin, an was er oder sie glaubt, wird man folgende Antworten erhalten:

- an den einen Gott[7];
- an die von Gott offenbarten Bücher: Thora, Psalmen, Evangelien, Koran;
- an seine Gesandten/Propheten;
- an seine Engel und Dschinnen (übersinnliche Wesen);
- an das Jüngste Gericht;
- an das Schicksal, ob gut oder schlecht, und dass es von Gott allein bestimmt ist.

Das Glaubensbekenntnis

Um Muslim zu werden, muss man öffentlich das Glaubensbekenntnis ablegen:

Ich bezeuge: Es gibt keinen Gott außer Gott, und ich bezeuge, dass Muhammad der Gesandte Gottes ist.

Der gläubige Muslim betet dieses Glaubensbekenntnis jeden Tag. Es ist fester Bestandteil seines Lebens und seines religiösen Bewusstseins.

---

6 Bei Nennung der männlichen Form wird die Weibliche in der Regel mitgedacht.
7 Das Wort Allah ist kein Eigenname, sondern das arabische Wort für Gott. Es wird übrigens auch von arabischen Christen benutzt.

Gott

„Sag: Er ist Gott, ein Einziger. Er ist Gott durch
und durch. Er hat nicht gezeugt, noch ist er ge-
zeugt worden. Keiner kann sich an ihm messen".[8]

In dieser Sure wird der eindeutige Monotheismus des Islam sehr deutlich. Gott ist Einer! Dass Christen an die Tri-
nität glauben, empfinden Muslime als eine Beigesellung
von Jesus und dem heiligen Geist zu Gott. Dies ist dem
Islam vollkommen fremd. Die Zeugung eines Gottessoh-
nes oder einer Gottestochter ist im theologischen Gefüge
nicht denkbar und ausgeschlossen. Diese Zeugung würde
die Einmaligkeit Gottes unterwandern. Er ist auch nicht
gezeugt worden, denn das hieße, dass jemand oder etwas
vor ihm dagewesen sein müsste. Und dass sich niemand an
ihm messen kann, zeigt deutlich seine Allmacht und seine
Allwissenheit.

Wie die Bibel gibt der Koran auch Auskunft über Gott
und charakterisiert ihn. Auch wenn Gott unvorstellbar ist,
finden sich im Koran Anthropomorphismen[9]: Gott wird
in Menschengestalt gedacht und mit menschlichen Eigenschaften beschrieben. So etwa, wenn er mit starker Hand
etwas tut oder sich auf dem Thron zurechtsetzt. [10]

Mit den sogenannten *Schönen Namen Gottes* wird Gott
im Koran charakterisiert. 99 sollen es sein und wer sie ver-
innerlicht, kommt ins Paradies. Die erste und am häufigsten genannte Eigenschaft Gottes ist die Barmherzigkeit, die

---

8 Sure 112.
9 Menschenähnlichkeiten.
10 Vgl. Khoury, Adel Theodor: Der Koran, erschlossen und kommentiert,
Düsseldorf 2005, S. 79 ff.

auch in der ersten und am häufigsten rezitierten Sure[11] genannt ist. Gott ist nach muslimischer Auffassung allwissend und allmächtig. Nichts auf der Welt passiert, ohne dass er es wüsste oder vorherbestimmt hätte.[12]

Die Offenbarungen

Der Islam erkennt die Thora, die Psalmen, die Evangelien und den Koran als geoffenbarte Worte Gottes an.[13] Muslimische Gelehrte im Mittelalter mussten alle vier Quellen auswendig kennen. Nach muslimischer Auffassung hat Gott die Thora, den Psalter und die Evangelien den Propheten und Gesandten Mose, David und Jesus übermittelt. Jedoch hätten Christen und Juden diese Schriften im Laufe der Zeit verfälscht. Deshalb war es notwendig, dass der Erzengel Gabriel Muhammad den Koran geoffenbart hat, der nach islamischer Auffassung das unverfälschte Wort Gottes ist, das nicht verändert werden darf. Die Anerkennung der Thora, des Psalters und der Evangelien als geoffenbarte Schriften macht aber deutlich, dass Christen und Juden im islamischen Sinne keine Ungläubigen sind. Im Koran heißt es dazu:

Diejenigen, die glauben, und diejenigen, die dem Judentum angehören, und die Christen und die Säbier – wer immer an Gott und den Jüngsten Tag glaubt und rechtschaffen handelt –, die haben ih-

---

11 „Im Namen Gottes, des Erbarmers, des Barmherzigen" (Sure 1,1).
12 Vgl. Khoury, Adel Theodor (2005): S. 68 ff.
13 Vgl. Pacaci, Mehemet: Heilige Schriften, in: Antes, Peter u. a. (Hg.): Lexikon des Dialoges. Grundbegriffe aus Christentum und Islam, Freiburg 2013: S. 320.

*ren Lohn bei ihrem Herrn, und keine Furcht soll
sie überkommen, noch werden sie traurig sein.*[14]

Propheten

Der letzte von Gott gesandte Prophet ist Muhammad, dem
Gott den Koran durch den Erzengel Gabriel geoffenbart
hat und der auch als Siegel der Propheten bezeichnet wird.
Nach ihm kommt kein Prophet mehr.[15] Im Islam begeg-
nen uns aber auch Propheten der Bibel. Der erste Gesandte
Gottes in dieser Welt, der nur durch einen Akt Gottes ge-
schaffen wurde, ist Adam. Mose hat das Gesetz gebracht
und Abraham den Monotheismus. Er war es auch, der die
Kaaba (wieder auf-)gebaut haben soll, nachdem ein von
Adam errichtetes Gebäude zerfallen war. Der wichtigste
Prophet nach Muhammad aber ist Jesus, in dem sich das
strenge Gesetz sowie die Menschenliebe und Zärtlichkeit
Gottes vereinen. Er ist neben Adam der einzige Mensch
ohne Vater, weil Maria ihn jungfräulich geboren hat. Auch
Johannes der Täufer und Maria sind im Islam wichtig.[16]

Engel

Neben Gott, glauben Muslime, existieren auch Engel und
Dschinnen. Engel sind aus Licht und können nur Gott ge-
horchen. Jeden Menschen begleiten drei Engel: Zwei sitzen

---

14 Sure 2, 62.
15 Vgl. Ismail Hakki Ünal: Muhammad, in: Antes, Peter u.a. (Hg.): Lexi-
    kon des Dialoges. Grundbegriffe aus Christentum und Islam, Freiburg
    2013: S. 488.
16 Vgl. Bauschke, Martin: Der Sohn Marias, Jesus im Koran, Darmstadt
    2013: S. 9 ff.

auf den Schultern und schreiben das Gute und das Böse in Büchern auf, einer ist der Schutzengel. Daneben gibt es Dschinnen, die aus Feuer gemacht sind, Verstand haben und die Welt bevölkern, ohne dass wir sie sehen.[17]

Der Mensch

Der Mensch hat eine besondere Stellung im Islam, so wie in den anderen abrahamitischen Religionen auch. Gott hat ihn geschaffen, um ein Gegenüber zu haben, dem er seine Liebe und Barmherzigkeit zuteilwerden lassen kann. Die Welt hat er geschaffen, damit der Mensch einen Lebensunterhalt hat. Den Menschen hat er als Stellvertreter und Kümmerer in seine Schöpfung gesetzt. Der Mensch ist im Gegenzug Gott zu Dank und Lob verpflichtet. Er ist im Kern gut – aber verführbar. Alle religiösen Rituale sollen dem Menschen helfen, diesen guten Kern zu erkennen und nach Gottes Geboten zu leben. Diese Gebote sind keine Last, sondern eine Hilfe für das Leben und das Zusammenleben der Menschen.[18]

Die Konfessionen

Zwei große Konfessionen prägen den Islam: die Sunniten, abgeleitet von dem Wort Sunna, das Überlieferung oder Tradition heißt. Ca. 80% der heutigen Muslime sind Sunniten. Daneben gibt es die Schiiten. Das Wort leitet sich von dem Begriff „Partei Alis" ab. Beide Konfessionen trennten ursprünglich nicht unterschiedliche theologische Auffas-

---

17 Vgl. Khoury, Adel Theodor (2005): S. 89 ff.
18 Vgl. ebd.: S. 200 ff.

sungen, sondern Fragen der Nachfolge Muhammads.[19] Als Untergruppen gibt es bei den Sunniten beispielsweise die Wahabiten und Salafisten, die im 19. Jahrhundert entstanden sind und eine orthodoxe Spielart des Islam darstellen. Bei den Schiiten gibt es die Alawiten, Alewiten oder Drusen. Eine Reformbewegung aus dem 19. Jahrhundert ist die Ahmadiyya-Gemeinschaft.

Das Gebet

Eine der wichtigsten Formen der Kommunikation zwischen Mensch und Gott stellt auch im Islam das Gebet dar, das stark durch die Gebetspraxis im Judentum (Pflichtgebet) zur Zeit Muhammads beeinflusst ist. Der Gläubige tritt durch das rituelle Gebet (Salāt) in direkten Kontakt mit Gott. Im freiwilligen und persönlichen Gebet (du'ā') kann er Gott direkt anrufen und seine Hilfe erbitten. Zudem ist er aufgerufen, ständig Gottes zu gedenken (dikr). Alle Gebetsformen sind gleich wichtig,[20] auch wenn das rituelle Gebet als Säule des Islam mehr Aufmerksamkeit erfährt.

Während des rituellen Gebetes gebraucht der Gläubige weder seine eigenen Worte, noch drückt er seine Gedanken aus. Er führt eine Reihe ritueller Handlungen durch, die unter anderem das Rezitieren bestimmter Verse zu bestimmten Zeitpunkten beinhaltet. Der Mensch soll dadurch

---

19 Vgl. Schulte von Drach, Markus: Was Sunniten und Schiiten trennt, in: Süddeutsche Zeitung vom 16.06.2015 (http://www.sueddeutsche. de/politik/islam-was-schiiten-und-sunniten-trennt-1.840806 [Abruf am 11.07.2018].

20 Vgl. Essabah, Elhadi: Ruft zu mir, so erhöre ich euch!, Bedeutung und Sinn des Bittgebetes im Islam, in: Schmidt, Hansjörg u. a. (Hg.): „Im Namen Gottes…", Theologien und Praxis des Gebets in Christentum und Islam, Regensburg 2006: S. 91 ff.

mehrfach täglich an seinen Bund mit Gott erinnert werden und dessen aktiv gedenken. Dieses Ritual kann als Hilfsmittel betrachtet werden. Es ist eine Reise in sich selbst, um sein Leben bewusster und reflektierter gestalten zu können.[21] In Sure 29,45 heißt es:

> *„Und verrichtet das Gebet, wahrlich das Gebet hält vom Abscheulichen und Schändlichen ab".*

Von großer Bedeutung ist die Aufrichtigkeit und Hingabe, mit der der gläubige Mensch sein Gebet verrichtet. Er wendet sich mit Leib und Seele Gott zu und soll sich dessen auch bewusst sein. Das Gebet stellt ein Zeichen seiner Ergebenheit und Dankbarkeit, aber auch der Bewegung auf Gott zu und der Nähe zu Gott dar.[22] Während der Mensch den Vorgaben des traditionellen Gebetes folgt, liegt seine gesamte Aufmerksamkeit auf dem korrekten Vollzug seiner Handlungen. Sollte ihm ein grober Fehler beim Rezitieren oder im Bewegungsablauf unterlaufen, so kann sein Gebet hinfällig werden und er muss es in Gänze wiederholen. In Koranversen wird vorgeschrieben, dass das Gebet mit Sündenbekenntnis und Reue beginnen soll, danach soll man Gott loben und schließlich seine Wünsche mitteilen. Entgegen der allgemeinen Vorstellung finden sich jedoch im Koran keine exakten Anweisungen zum Ablauf des Gebetes. Die Vorgaben gehen zurück auf die Tradition des Propheten und sind über Jahrhunderte bewahrt worden.

---

21 Vgl. Khorchide, Mouhanad: Islam ist Barmherzigkeit, Freiburg 2012: S. 117 ff.
22 Sure 96, 19: „Wirf dich nieder und such die Nähe Gottes".

Ort des Gebetes

Ein Muslim kann überall beten: In einem Gebetsraum, auf der Straße, in der eigenen Wohnung. Voraussetzung ist, dass der Ort sauber ist. Um das zu gewährleisten, benutzen Muslime zumeist einen Gebetsteppich, den sie zum Gebet auslegen. Dies ist dann für den Zeitpunkt des Gebetes ihre Moschee, was übersetzt „Ort der Niederwerfung" bedeutet. Eine Moschee kann also nahezu überall sein.

Während die täglichen Pflichtgebete also überall gebetet werden können, müssen Männer das Freitagsgebet gemeinsam in der gebauten Moschee vollziehen. Moscheen sind immer gleich eingerichtet: Es gibt eine Gebetsnische, die zur Verstärkung der Lautstärke des Vorbeters dient und die Gebetsrichtung anzeigt. Es gibt die Kanzeltreppe, von der der Imam freitags die Predigt hält, und einen Lehrstuhl, von dem aus Vorträge und Schulungen erfolgen. Hier wird die Tradition der Medresen, der mittelalterlichen Universitäten, deutlich, in der Moscheen bis heute stehen.

Die Moschee ist aber viel mehr als nur der Ort, an dem die Gläubigen zum Gebet zusammenkommen. Sie ist ein Dreh- und Angelpunkt des religiösen und sozialen Lebens der Gläubigen: Oft finden sich im unmittelbaren Umfeld der Moschee kleine Läden, Reisebüros, Bestattungsinstitute und Cafés sowie Bibliotheken und Bildungseinrichtungen.

Reinheit

Nicht nur der Ort des Gebetes soll sauber sein. Auch die Beterin oder der Beter selbst sollen das Gebet in sauberem Zustand vollziehen. In jeder Moschee gibt es darum Brunnen oder Waschgelegenheiten mit fließendem Wasser. Der oder die Gläubige soll sich vor dem Gebet das Gesicht, Hände und Unterarme, Kopf und Füße sowie Ohren, Nase und Mund nach einem bestimmten Ritus waschen. Nach Krankheit, Sex oder Menstruation ist eine Ganzkörperwaschung nötig. Bei jeder Handlung wird ein Gebet gesprochen.

Gebetsrichtung

Zum Beten steht man mit dem Gesicht in Richtung Mekka. Die ursprüngliche Gebetsrichtung war Jerusalem, änderte sich aber in Abgrenzung zum Judentum und Christentum nach der Auswanderung von Mekka nach Medina. Damit Gläubige in der Moschee wissen, in welche Richtung sie beten müssen, gibt es die Gebetsnische und häufig auch entsprechende Muster auf dem Teppich. Dass alle Muslime auf ein Zentrum gerichtet hin beten, ist ein Zeichen der Gemeinschaft: Das Gebet ist somit nicht nur ein Akt der Verbundenheit und Nähe des Menschen mit Gott, sondern auch ein Zeichen der Verbundenheit aller Gläubigen.

In muslimischen Hotels liegt oft ein kleiner Kompass oder der Raum ist entsprechend ausgestaltet, sodass der Gläubige die korrekte Gebetsrichtung sieht. Inzwischen gibt es Apps für das Mobiltelefon, die an das Pflichtgebet erinnern und die Gebetsrichtung anzeigen.

Gebetshaltung

Es gibt im Islam verschiedene Gebetshaltungen, die während eines rak'a durchlaufen werden. „Die Körperhaltungen, die das Rezitieren von Versen und Gebeten begleiten, sollen beim Beter die innere Einstellung zum Ausdruck bringen, die als ‚Anwesenheit des Herzens' bezeichnet wird"[23]. Rak'a nennt man den Ablauf eines rituellen Gebetszyklus', den Muslime beim rituellen, aber auch beim freien Gebet vollziehen. Ein rak'a sieht folgendermaßen aus:

takbiratu-l-ihram Eröffnendes takbir = Aufrechtes Stehen in Richtung Mekka, beide Hände in Höhe des Halses oder der Ohren erhoben, Handflächen nach vorn geöffnet.	*Gott ist der Allergrößte*
qiyam Aufrechtes Stehen = Rechte Hand auf linke Hand gelegt zwischen Brust und Nabel.	*Preis sei Dir, o Gott, und Lob sei Dir, und gesegnet ist Dein Name, und hoch erhaben ist Deine Herrschaft, und es gibt keinen Gott außer Dir.* *Im Namen Gottes, des Allerbarmers, des Barmherzigen. Alle Lobpreisung gebührt Gott, dem Herrn der Welten, dem Allerbarmer, dem Barmherzigen, dem Herrscher am Tage des Gerichts. Dir allein dienen wir und Dich allein flehen wir um Hilfe an. Leite uns den rechten Pfad, den Pfad derer, denen Du gnädig bist, nicht derer, denen Du zürnst und nicht derer, die in die Irre gehen. Amen.* *Im Namen Gottes, des Allerbarmers, des Barmherzigen, bei der Zeit. Wahrlich, der Mensch ist in einem Zustand des Verlusts, außer denjenigen, die glauben und gute Werke tun und sich gegenseitig zur Wahrheit und zu Geduld mahnen.*

---

23 Khoury, Adel Theodor: Der Islam. Sein Glaube, seine Lebensordnung, sein Anspruch, Freiburg 1988: S. 135.

	Im Namen Gottes, der Allerbarmers, des Einen! Sprich: Er ist Gott, der eine Gott, der Immerwährende, er zeugt nicht und ist nicht gezeugt und nichts ist ihm gleich.
rukuʻ Verbeugen = Hände auf den Kniescheiben.	*Preis sei meinem Herrn, dem Erhabenen!* (3 mal)
qama Aufrechtes Stehen = Arme und Hände seitlich.	*Gott hört den, der ihn preist, unser Herr, Lob sei Dir.*
sadschda Niederwerfung = Stirn, Nase, Handflächen, Knie und Zehenspitzen berühren den Boden.	*Preis sei meinem Herrn, dem Allerhöchsten!* (3 mal)
dschalsa Aufsitzen = auf Knien und Füßen, Hände auf den Knien	*Ehre sei Gott und Anbetung und Heiligkeit. Friede sei mit Dir, o Prophet, und die Barmherzigkeit Gottes und seine Segnungen. Friede sei mit uns und den frommen Dienern Gottes. Ich bezeuge, dass es keinen Gott gibt außer Gott, und ich bezeuge, dass Muhammad Sein Diener und Gesandter ist.*
salam Wie dschalsa, dabei Kopf nach rechts wenden und salam sprechen, dann Kopf nach links wenden und salam sprechen	*Friede sei mit euch und Gottes Gnade!* (2 mal)
Mit den Handflächen durch das Gesicht fahren.	*O Gott, Du bist der Friede, und aus Dir kommt der Friede hervor. Voller Segen bist Du, voller Majestät und Ehre.*

Quelle für die Inhalte der Tabelle:

http://islam.de/50.php [Abruf am 10. Juli 2018].

Je nach Gebetszeit wird eine unterschiedliche Anzahl von rak'a durchlaufen.

Das gemeinschaftliche rituelle Gebet in der Moschee wird in Reihen und in der Regel geschlechtergetrennt[24] gebetet. Die Gläubigen stehen eng, Schulter an Schulter, nebeneinander, um die Gleichheit und die Gemeinschaft zu bezeugen. Kommt ein Gläubiger zu spät zum Gebet und steht allein in der letzten Reihe, gesellen sich sofort Gläubige aus den vorderen Reihen zu ihm, damit er nicht allein beten muss. Beim freien Gebet vollziehen die Gläubigen das rak'a allein.

Pflichtgebet

Im Koran wird zwar vom rituellen Gebet gesprochen. Die Anzahl[25] und der Zeitpunkt sind aber erst im Laufe der Zeit entstanden. In einem Hadith[26] legt Mohammad die Gebetszeiten fest:

- Fadschr-Gebet: Das Morgengebet wird zwischen der Morgendämmerung und dem Sonnenaufgang verrichtet, also in

---

24 Die körperliche Nähe, auch bei der Niederwerfung (Sadschda) macht eine Geschlechtertrennung notwendig, um Missverständnisse zu vermeiden. Dabei gibt es Moscheen, wo Frauen einen eigenen Raum zum Beten haben oder eine Empore mit Blick auf den Hauptraum nutzen. In einigen Moscheen beten Männer jeweils auf der einen und Frauen auf der anderen Seite des Raumes.

25 Ein Hadith erzählt die Begebenheit, wie der Prophet Muhammad bei seiner nächtlichen Himmelsreise von Gott die Anordnung erhielt, dass die Menschen 50 Mal am Tag beten sollten. Als er anschließend Mose traf, forderte dieser ihn auf, Gott herunterzuhandeln, da weder 50 Gebete, noch 25 Gebete von Menschen zu schaffen seien. Vgl. Ferchl, Dieter (Hg.): Al Buhari, Die Sammlung der Hadithe, Stuttgart 1991: S. 96.

26 Ebd.: S. 122 ff.

der Zeit, in der man einen weißen nicht von einem schwarzen Faden unterscheiden kann;

- Zuhr-Gebet: Das Mittagsgebet wird verrichtet, wenn die Sonne den Zenith überschritten hat;
- 'Asr-Gebet: Die Zeit Nachmittagsgebetes ist der Zeitpunkt, an dem der Schatten eines Gegenstandes genau so lang ist wie der Gegenstand selbst;
- Maghrib-Gebet: Die Zeit des Abendgebetes beginnt kurz nach Sonnenuntergang (schwarzer und weißer Faden) und endet mit dem Beginn der 'Ischā'-Zeit;
- 'Ischā'-Gebet: Die Zeit für das Nachtgebet beginnt, wenn der rote Schimmer (aš-šafaq al-aḥmar) des Abendlichts verschwunden ist, die Sonne also vollkommen untergegangen ist.

Kurz vor den Pflichtgebeten ruft der Muezzin zum Gebet:

„Gott ist größer. Gott ist größer. Gott ist größer. Gott ist größer. Ich bezeuge, dass es keinen Gott gibt außer Gott. Ich bezeuge, dass es keinen Gott gibt außer Gott. Ich bezeuge, Mohammad ist der Gesandte Gottes. Ich bezeuge, Mohammad ist der Gesandte Gottes. Auf zum Gebet. Auf zum Gebet. Auf zum Wohlergehen. Auf zum Wohlergehen. Es gibt keinen Gott außer Gott.“

(In der Morgendämmerung wird hinzugefügt: „Das Gebet ist besser als der Schlaf“)

„Gott ist größer. Gott ist größer. Gott ist größer. Gott ist größer. Es gibt keinen Gott außer Gott“.[27]

---

27 Khoury, Adel Theodor (2005): S. 230.

Freitagsgebet oder Gemeinschaftsgebet

Das Gebet am Freitagmittag ist das wichtigste Gebet der Woche und muss von erwachsenen, gesunden Männern gemeinschaftlich gebetet werden. Der Freitag ist dabei kein Feiertag, allerdings muss während des Freitagsgebetes alle Arbeit und Handel ruhen.[28] Männer sind angehalten, dieses in der Moschee zu verrichten, während es für Frauen nicht verpflichtend ist.[29] Nachdem der Gläubige seinen ganzen Körper gereinigt hat, betet er zwei rak'a. Diesen folgt die Predigt des Imams von der Kanzeltreppe aus. Danach betet man zwei gemeinschaftliche rak'a.

Die Freitagspredigt bezieht sich nicht ausschließlich auf religiöse Fragen und ist keinesfalls mit der im Christentum üblichen Schriftauslegung zu verwechseln. Die Predigt ist eine Ermahnung und behandelt aktuelle gesellschaftspolitische oder auch historische Ereignisse, die für die Gemeinschaft von Belang sind.[30]

Neben dem Freitag gibt es auch andere Anlässe für das gemeinschaftliche Gebet: So das Ende des Fastenmonats Ramadans, das Opferfest oder der Tod eines Gläubigen.

Freiwilliges Gebet

Im Islam gibt es neben dem rituellen Gebet auch das freiwillige Gebet. Muslime sollen ständig beten und Gottes gedenken. Auf diese Weise bildete sich die Tradition der

---

28 Vgl. Sure 62, 9-10.
29 Vgl. Khoury, Adel Theodor (2005): S. 234 f.
30 Vgl. Tosun, Cemal: Predigt, in: Antes, Peter u. a. (Hg.): Lexikon des Dialoges. Grundbegriffe aus Christentum und Islam, Freiburg 2013: S. 553.

Wiederholung der 99 Namen Gottes heraus, die immer und immer wieder mit Hilfe einer Perlenkette memoriert werden. Doch es gibt auch empfohlene Gelegenheiten für das freie Gebet: Unmittelbar vor dem rituellen Gebet, in der Morgen- und Abenddämmerung, bei Regen, beim Fasten, in Krankheit und Not. Es gibt spezielle Gebete für Kinder, Reisende, Eltern oder Menschen, denen Unrecht widerfährt.

Eine weitere Form des freiwilligen Gebetes stellt die du'ā' dar, das Bittgebet. Bei diesem wendet sich der Betende an Gott und spricht diesen mit seinen eigenen Worten an. Er bittet Gott um Beistand, Hilfe oder dankt ihm für seine Barmherzigkeit und Güte. Zutiefst persönliche Gedanken und Gefühle werden in diesen Gebeten zum Ausdruck gebracht.

Bittgebete des Propheten Muhammads, seiner Gefährten und großer Persönlichkeiten der islamischen Geschichte wurden tradiert und dienen vielen Gläubigen zur Orientierung und Anregung. Als Beispiele seien zwei hier dokumentiert:

„O unser Herr, lass unsere Herzen nicht leiden, um sich zu verirren, nachdem Du (mit Recht) uns geführt hast, bewillige uns Gnade von Dir, denn wahrlich Du und Du (allein) bist der Gutmütigste." (Ali Imran, 8).

„Und wenn dich Meine Diener nach Mir fragen, dann (sage zu ihnen): Wahrlich, Ich bin sehr nahe, Ich antworte den Betenden, wenn sie Mich anbeten. So sollten sie Meinen Aufruf hören, und an Mich glauben, damit sie ein führendes Licht sein können." (Al-Baqarah, 186).

Fromme Gläubige kennen die Korantexte, die im Pflichtgebet rezitiert werden, auswendig. Daher ist kein Gebets-
oder Gesangbuch notwendig. In einer Moschee finden sich
aber Exemplare des Koran und kleine Lesestische. Man
sieht häufig Menschen, die auf dem Boden sitzend sich in
die Lektüre der Heiligen Schrift des Islams vertiefen. Hier
wird auch deutlich, dass die Moschee – ähnlich wie die Synagoge – nicht nur ein Ort der Anbetung, sondern auch der
Bildung und des Studiums ist.

Viele Muslime tragen beim Gebet ein Takke, eine mehr
oder weniger verzierte Gebetsmütze. Das Tragen dieser Gebetsmütze ist im Islam, anders als im Judentum (Kippa),
nicht zwingend vorgeschrieben und wird unterschiedlich
begründet: Nach der Überlieferung soll Muhammad seinen
Kopf beim Gebet bedeckt habe, was viele Muslime nachah-
men. Es kann aber auch ein Zeichen der Zugehörigkeit zum
Islam sein. Andere interpretieren die Takke als Andeutung
einer Krone, die die Würde des Menschen als Stellvertreter
und Sachverwalter Gottes betont. Wieder andere sehen in
der Gebetsmütze ein Schmuckstück, denn Gott erwartet,
dass die Menschen in ihrem schönsten Kleid zum Gebet
kommen.[31] Männer und Frauen sollen auf jeden Fall während des Gebets ihre ‹Aura bedeckt halten: Diese ist bei
Frauen der ganze Körper außer Hände und Gesicht, beim
Mann der Körperbereich zwischen Knie und Bauchnabel.
Ebenso findet man in Moscheen kleine Ständer mit Per-
lenketten. Diese Gebetskette entstand aus derselben hindu-

---

31 Vgl. Sure 7, 31: O Kinder Adams, legt euren Schmuck bei jeder Mo-
    schee an.

istischen Urform wie der christliche Rosenkranz. Sie hilft den Betenden, sich in das Gebet zu versenken und die 99 Schönen Namen Gottes zu rezitieren. Es gibt Ketten mit 33, 99 oder sogar 1000 Perlen.[32]

---

32 Vgl. Daun, Thomas: Gebetsketten und Perlenschnüre in den Weltreligionen, in: http://www.deutschlandfunk.de/mala-misbaha-und-der-rosenkranz-gebetsketten-und.2540.de.html?dram:article_id=335274 [Abruf am 10. Juli 2018].

2.4 Gebet im Hinduismus

Olaf Haladhara Thaler

Einleitung

Zu Beginn ist es bemerkenswert, dass das Wort „Hinduismus" nicht ein einziges Mal in der klassischen Literatur Indiens (der vedischen Literatur) vorkommt. Sein Ursprung ist weder in der alten Sanskritsprache, noch irgendwo sonst in Indien belegbar. Betrachtet man die vielen verschiedenen Traditionen, wie den Jainismus oder die Verehrung *Vishnus, Shaktis* oder *Shivas,* so wird schnell deutlich, dass der Sammelbegriff „Hinduismus" für sehr Vieles und auch viel Unterschiedliches steht. Er ist stark vereinfachend und deshalb ungenau. Und doch hat er sich über die Jahrhunderte als ein Grundbegriff der in Indien seit Jahrtausenden bestehenden Verehrungs- und Gebetsformen etabliert. Abgeleitet von dem Flussnamen *Sindhu,* dem Sanskritnamen des Flusses Indus, prägten persische und muslimische Eroberer diesen Begriff in der Annahme, es könne in Indien ja auch nur eine Einheitsreligion geben, wie sie das aus ihrer eigenen Kultur kannten. War am Anfang ein gebürtiger Einwohner des Landes jenseits des *Sindhu* gemeint, so wurden allmählich auch jene Hindus genannt, die ihre angestammte Religion beibehalten wollten. Der Begriff Hinduismus bürgerte sich dann zu Beginn des 19. Jahrhunderts im Englischen ein. Die Inder selbst nennen ihre Religion „ewige Ordnung". In der Sprache der alten Schrifturkunden heißt es *sanatana dharma*, eine immerwährende, kosmische Ordnung, die alles Leben lenkt.

Ich beziehe mich in meinem Beitrag auf die spirituellen Wurzeln Indiens, wie sie durch die vedischen Schriften überliefert und praktiziert werden. Das Wort *Veda* geht auf die Sanskritwurzel *vid* zurück. Übersetzt heißt es „wissen". Die heiligen Schriften Indiens vermitteln einen Zugang zu uraltem esoterischen Wissen, was aber auch die ganzheitliche Medizin *(Ayurveda)*, die Baukunst *(Vastu)*, die Musik und den Tanz *(Gandharvaveda)* beinhaltet.

Eine kleine Übersicht über die zahlreichen Urkunden des geistigen Wissens soll helfen, die komplexen Themenbereiche zu erahnen.

Mit *Vedas* werden die vier *Veden (Rig-, Atharva-, Sama-* und *Yajurveda)* und die darauf aufbauenden philosophischen Schriftwerke bezeichnet. Das sind insbesondere die *Upanishaden, das Mahabharata* und die darin enthaltene und äußerst populäre *Bhagavad-Gita.* Sie gilt Hindus als Selbstoffenbarung Gottes, der unbegrenzt, allgegenwärtig und unbegreiflich ist. Das Gottesbild des Hinduismus ist vielschichtig. Gott lässt die Urnatur aus sich entstehen, befruchtet sie und aus ihr wird die Welt erschaffen. Gleichzeitig wohnt Er im Herzen eines jeden Wesens. Er empfängt letztlich alle Opferungen und Enthaltungen. Er versteht es, die Herzen zur Hingabe anzuspornen, und erhört die Gebete selbst dann, wenn sie indirekt dargebracht werden. Durch Verehrung und Gebet entwickelt sich eine Beziehung zu Ihm. Er kennt die innersten Wünsche der Wesen und gewährt vollkommene Entscheidungsfreiheit, um der Liebe willen.

Die vedischen Schriften beschreiben daneben aber auch Gott untergeordnete kosmische Energien und Kräfte, denen sie Namen und Eigenschaften zuschreiben. Auch diese werden durch Gebete angesprochen. Sie heißen *Devas,*

(Halbgötter). Ziel der Gebete und Anrufungen sind also auch diese verschiedenen, aber nicht immer anthropomorph gedachten Formen des letztlich formlosen Höchsten. Entgegen einer weit verbreiteten Meinung ist der Hinduismus nicht polytheistisch. Alle Schulen lehren den Einen, der in drei Aspekten angebetet wird: *Brahman, Paramatma* und *Bhagavan*. Das *Brahman* ist die Grundlage, der *Paramatman* ist der Teilaspekt Gottes im Herzen und *Bhagavan* selbst ist unendliche Fülle. Zum tieferen Verstehen gibt es dieses Gleichnis: In einer abgelegenen ländlichen Gegend lebten drei Männer. Eines Tages wurden sie von ihrem Freund aus der Stadt besucht. Er berichtete den drei staunenden Freunden, dass ganz in der Nähe eine Eisenbahnlinie gebaut wurde. Die drei wussten weder, wie eine Eisenbahn aussieht, noch war ihnen deren Sinn bekannt. Der Freund aus der Stadt bot an, sie zur nächsten Bahnstation zu führen, damit sie die Eisenbahn kennenlernen könnten. Am Bahnhof angekommen dauerte es auch gar nicht lange, bis der erwartete Zug am Horizont sichtbar wurde. Da es bereits zu dämmern begann, waren nur seine Lichter in der Ferne zu sehen. Der erste der drei Freunde bedankte sich: „Nun weiß ich, was eine Eisenbahn ist", und ging heim. Der Zug kam näher und man konnte die verschiedenen Waggons mit den erleuchteten Fenstern sehen. Der zweite Freund sprach: „Das ist also die Eisenbahn", dankte und ging ebenfalls. Der dritte Freund blieb und sah, wie der Zug in den Bahnhof einfuhr und anhielt, wie Menschen aus- und einstiegen, verschiedene Güter auf- und abgeladen wurden und wie der Zug dann weiterfuhr. Auch er bedankte sich und hatte am meisten über die Eisenbahn erfahren. „So", sagen die Bhaktas, die gläubigen Hindus, die dem Weg der Hingabe folgen „ist es auch mit dem Erkennen Gottes".

Das Gebet, Gebetsformen und die Meditation

Durch das Gebet erfolgt die (rituelle) Kommunikation mit dem Göttlichen. Das Gebet gilt im Hinduismus als individueller und auch als gemeinschaftlicher Akt. Der Verwendung von sakralen Sprüchen, den Mantren und den heiligen Silben kommt dabei eine wichtige Rolle zu. Ihrer feststehenden Wortfolge wird eine besondere Kraft zugesprochen, die einen spirituellen Zustand erfahrbar macht. Dazu werden Hymnen, Lieder und Gesänge rezitiert oder vielfach auch gesungen. Meist empfängt der Gläubige sein Mantra durch eine Einweihung, die er von seinem spirituellen Meister erhält.

Eines der bekanntesten Mantren ist die heilige Silbe OM – sie gilt als Urwort der Schöpfung, als Klang des Universums. Diese Klangschwingung resoniert in allem in der Schöpfung. Dadurch wird die Behauptung der indischen Weisheitslehren, alles in der Welt sei miteinander verbunden „wie Perlen auf einer Schnur" *(Bhagavad-Gita)* verständlicher. Viele alte Kulturen haben einen ähnlichen Gedanken geäußert. Quantenphysiker, die die holografische Natur des Kosmos voraussetzen, erklären uns nun, dass sogar gleichzeitig entstandene und später voneinander getrennte kleinste Teilchen immer miteinander in Verbindung bleiben. Ein Gebet lebt ganz besonders durch die innere Haltung des betenden Menschen, seiner Eigenschwingung.

Gebete und Mantren zu verinnerlichen, ist eine wichtige Aufgabe für den Betenden, eine Einladung, sich mutig und vertrauensvoll der Tiefe ihrer Bedeutung anzunähern (Meditation). Was ist damit gemeint?

Die *Katha-Upanishad* nennt OM „das Ziel, das alle Veden verkünden". OM ist der Urlaut und repräsentiert die

Urschwingung, aus der die gesamte Schöpfung hervortrat. Der Lautlehre des Sanskrits folgend verbinden sich A und U zum O. Wird AUM jedoch ausgesprochen, erklingt am Anfang deutlich das A – der Anfang des Alphabets, der Beginn der Sprache. Entsprechend der *Mandukya-Upanishad* bedeutet der Laut A das Wachbewusstsein *(jagrat)*, U das Traumbewusstsein *(svapna)* und M das Bewusstsein des Tiefschlafes *(sushupti)*. Das vierte Element *(turiya)*, das Verklingen nach dem letzten Laut M, steht für das Selbst, das unsichtbar, doch immer anwesend ist, unmerklich den Körper durchdringt und eine Bewusstseinsklarheit besitzt, die dem Uneingeweihten ganz unvorstellbar erscheint. Der lautlose Nachhall weist dann auf den verborgenen Gott hin, der jenseits des Welterschaffens, Welterhaltens und Weltauflösens zu finden ist. Deshalb ist es für Hindus bedeutsam, wenn *Krishna* (ein Name Gottes), in der *Bhagavad-Gita* diese Silbe Seine Klanggestalt nennt. Denn sie ist nicht einfach ein Wort mit magischem Einfluss, sondern die Offenbarung göttlicher Fülle, so wie jedes Gebet eine (Klang-) Offenbarung des Betenden ist.

Eine besondere Form des Gebetes sind die gesungenen *bhajans*. Das Sanskritwort *bhajan* hat seine Wortwurzel in *bhaj*, was verehren, sich mit Gefühl zu widmen, bedeutet. *Bhajans* sind gesungene Gebete. Durch Lieder können wir das preisen, was scheinbar hinter der Wahrnehmungsfähigkeit der äußeren Sinne liegt.

Der Pfad der Hingabe und sein Ziel sind eins. Wie das Essen einer überaus süßen Frucht mit jedem Bissen die Erfahrung ihrer Süße schenkt. Wir geben uns hin, um uns besser hingeben zu können. Und genau das ist es, worum es im *bhajan* geht.

Die verschiedenen Yoga-Wege ermutigen oft die Schüler: Tu dieses, um jenes zu erreichen. Das erzeugt ein trennendes und lineares, ein nur auf die Zukunft fokussiertes Denken und Handeln, anstatt im Hier und Jetzt nach der Verbindung mit Gott zu suchen.

Bhajan ist seinem Wesen nach nicht trennend. Alles ist in dem Einen enthalten. Wir müssen nicht nach einem fernen Ziel streben, wir sind schon da. Wer seinen Geist in den *bhajan* versenkt, kann es erahnen. Das bedeutet nicht, dass auf dem Weg zur Einheit, alles vergeht, zu einer nicht-unterscheidbaren Einheit verschmilzt. Die Ausdehnung der wunderbaren Vielfalt in dem Einen, den Hindus *Gopala, Govinda, Rama* oder *Narayana* nennen, bleibt bestehen. In dieser Vielfalt, die alles durchdringt, manifestiert sich der Wesentliche. Den Geschmack des Wesentlichen zu kosten, der sich überall befindet, auch in einem jeden Herz, ist die eigentliche Erfahrung im *bhajan*. Wer es spürt und versteht, der wird es mögen, denn es fördert in dem singend Betenden das, was so überaus bedeutsam ist: Die Freude am Sein. Unsere Kultur vermittelt uns hinauszugehen, um uns ganz auf die Welt, auf das Außen zu konzentrieren und dadurch Freude zu finden. Doch wie oft währt diese Freude nur einen kurzen Augenblick, wenn wir übersehen oder missverstehen, dass alles Schöne in der Welt der alles durchdringende Duft dieses Einen ist.

Hindus gehen davon aus, dass sie sich im Gebet der Natur ihres eigenen Selbstes und damit gleichzeitig dem Einen annähern. Dadurch findet der innere Wandel statt. Das Gebet führt uns zur Wahrnehmung, dass wir mit dem Einen immer verbunden sind. Ein ewiges, durch uns und in uns klingendes Lied.

Eine weitere Gebetsform ist das Beten auf den 108 Holzperlen der Gebetskette, der *Japa*. Die 108 ist für Hindus eine heilige Zahl. Es gibt 108 *Upanishaden*. Die verschiedenen Aspekte Gottes haben 108 Namen, welche besungen werden. Der klassische indische Tanz, *Bharat-natyam*, besitzt 108 Tanzschritte.

Im *Jyotish*, der indischen Astrologie, gibt es zwölf Tierkreiszeichen und neun Planeten (12 x 9 = 108).

Im *Ayurveda* werden 108 *Marmas*, also Druckpunkte bzw. Energiefelder beschrieben.

Im thailändischen Buddhismus haben die Fußsohlen von Buddha-Statuen häufig 108 Symbole.

In der Mathematik sind 1 hoch 1 mal 2 hoch 2 mal 3 hoch 3 gleich 108:

$$1^1 \text{ x } 2^2 \text{ x } 3^3 = 108$$

Im Euklidischen Raum haben die inneren Dreiecke eines rechtwinkligen Pentagons jeweils einen Winkel von 108°.

Der 108-fache Sonnendurchmesser entspricht in etwa dem Abstand der Sonne zur Erde (1,39 Mio. km x 108 = 149,6 Mio. km).

Das Gebet mit der *Japa*, das Wiederholen der heiligen Namen Gottes, ist ein inneres Gebet und in gewissem Sinne machtvoller als ein rituelles Gebet. Man muss das Ritual durchdringen, wenn man seinen wahren Sinn verstehen möchte. Das leise Sprechen der Gottesnamen *(nama-japa)* setzt einen innerlichen Prozess des Bewusstwerdens in Gang, es ist sehr einfach und jedem möglich.

Das Gebet kann uns sehr schnell mit unserem spirituellen Wesen in Verbindung bringen. *Athato brahma jijnasa*, „Nun möchte ich nach der Wahrheit forschen", der spirituellen Natur. So lautet der allererste Satz des *Vedanta-sutra*.

Er markiert einen inneren Aufbruch, einen Paradigmenwechsel in der Lebensbetrachtung, wenn er tief empfunden und gelebt wird. Ein notwendiger und schwieriger Prozess, der viel Achtsamkeit und Ehrlichkeit zu sich selbst erfordert. An diesem Punkt geben die vedischen Urkunden, besonders die *Bhagavad-Gita*, wertvolle Hinweise für eine gesunde und abgestimmte Lebensweise, die den körperlichen und geistigen Leib als eine Einheit verstehen.

Eine sinnvolle spirituelle Praxis erfordert, dass wir uns aktiv dem Leiden und den Konflikten in unserem Leben zuwenden, um zu innerer Ganzheit und Harmonie zu gelangen. Das ist der Moment, wo ein kompetenter Lehrer helfen kann, damit die Meditation zu innerer Klarheit verhilft und verdeckte oder unbewusste Gedankenmuster sichtbar werden.

„Wer findet Frieden andachtslos? Wie kann, wer friedlos, glücklich sein?" fragt *Krishna* in der *Bhagavad-Gita*. An einer anderen Stelle heißt es:

> *„Trotz der Flüsse, die das Meer fülln,*
> *Bleibt es ruhig und gelassen;*
> *So erlangt den innren Frieden,*
> *Wen die Wunschflut nicht kann fassen."*

Diese Zitate deuten den Wert der Selbsterforschung an, ohne die wir im Allgemeinen keine tieferen Ebenen der Meditation erreichen und erst recht nicht in unser Leben integrieren können.

Wir Menschen suchen zunächst nach einer spirituellen Praxis, weil wir hoffen, damit unserem Gefühl des Unglücklichseins, unseren seelischen Verletzungen und all den schwierigen Seiten unseres Lebens ausweichen zu können. Wir hoffen, uns darüber erheben zu können und in einem spirituellen Bereich voller göttlicher Freuden zu landen, in dem es keinerlei Probleme gibt. Gebete werden dann wie ein Fahrstuhl in den Himmel angesehen.

In der Meditation und dem Yoga werden Mantren gebetet, und durch intensive Konzentration und Inbrunst kann man Zustände von Glück und Frieden erzeugen. Die Yoga-Praxis, die Atemübungen haben tatsächlich die Wirkung, den Körper gesund zu halten und den Geist allmählich zu transformieren. Solche Methoden besitzen ihren Wert, doch es kommt unvermeidlich zu Enttäuschungen, wenn man sie nicht ständig übt und praktiziert. Denn sobald wir in unserer Bemühung nachlassen, stoßen wir wieder auf all jene unbearbeiteten Probleme des Körpers und des Herzens, die wir hofften, überwunden zu haben.

Aber spirituelles Leben ist nicht dafür da, um den Schwierigkeiten unseres Lebens ausweichen zu können, sondern alles, was es in unserem Leben gibt, in einen neuen Kontext mit Gott in Verbindung zu setzen und das Leben in seinem vollen Potential zu leben. Die verschiedenen Gebetsformen sind Wege, die uns zu dem gesamten Potential an Leben führen, das uns Gott gegeben hat. Die Eigenverantwortung ist ein wichtiger Faden im Gewebe des Betens.

Gebetspraxis und Orte des Gebetes

Für ihre Gebete haben Hindus keine allgemeinen Vorschriften und feste Gebetszeiten. Tempel und Pilgerorte sind natürlicherweise wichtige Areale des Gebets.

Die *brahma muhurta*, die Stunde kurz vor dem Sonnenaufgang, gilt als ein sehr günstiger Moment für das persönliche Gebet. Das kann das individuell erhaltene Mantra sein, das in der Morgenstille kaum hörbar wiederholt wird. Oft ist es auch das *Gayatri*-Mantra, das zum ersten mal am Tag zu dieser frühen Morgenstunde meditiert wird.

Die *arati* (Gottesdienste) in den Tempeln finden zu bestimmten, festgelegten Zeiten statt. Die Verehrung wird von Priesterinnen und Priestern ausgeführt und von Gläubigen aus der näheren und weiteren Umgebung besucht, um während der Zeremonie mit anderen gemeinsam zu singen, aber auch in persönlicher Andacht zu beten. Die Priester verwenden Räucherwerk, Blumen, Wasser und ein Butterlicht. Diese gelten als Elemente unseres täglichen Lebens, die im Wissen ihres Ursprungs während des Gottesdienstes dankbar dargebracht werden.

Betrachtet man die sehr unterschiedlich gelebten Familientraditionen, wird deutlich, dass Hindus ihr religiöses Leben in den Ablauf und die Aufgaben des Tages einfließen lassen und bemüht sind alle Tätigkeiten als einen Gottesdienst anzusehen, anstatt die Alltagsarbeit davon zu trennen oder sie für das Gebet lediglich zu unterbrechen.

Was in den großen Tempeln geschieht, findet ganz bewusst auch zu Hause statt. Vor unzähligen Hausaltären wird die tägliche Morgenzeremonie zelebriert. Am Beginn sowie am Ende des Tages schwenkt man dazu ein Butterlicht vor dem Bildnis oder dem Emblem des Göttlichen und läutet dazu eine kleine Glocke. Das Gebet, gesprochen, geflüstert oder in Gedanken rezitiert oder gesungen, ist ein wesentlicher Bestandteil der Zeremonie.

Es gibt Hindus, die beim Verlassen des Hauses oder zu Beginn einer Unternehmung ein (Schutz-)Gebet sprechen. Oft kann das ganz kurz sein, indem sie einen Gottesnamen aussprechen: *„Vishnu, Vishnu"*, *„OM Govinda"* oder einen Schutzheiligen anrufen: *„Ganesha*, ich verehre dich!"

Zu Feiertagen kann man einen Priester in das Haus rufen, der Gebete spricht oder Gottesdienste *(puja)* für alle ausführt. Es ist aber auch möglich, die spezifischen, überlieferten Gebete für diesen Tag während einer Andacht selber zu beten, allein oder gemeinsam mit anderen.

Oft sind es auch Zeremonien, in denen bestimmte Gebete gesprochen oder gesungen werden, die Hindus vor dem Hausaltar zelebrieren: Das sind z. B. die *samskaras,* bestimmte Sakramente, die Unterstützung auf der Reise durch das Leben geben sollen. Die vedischen Urkunden nennen bis zu vierzig samskaras, nicht nur für das geistige Wohl der Erwachsenen, sondern auch das der Nachkommen. Ihr Ziel ist die rituelle Verbindung mit dem Göttlichen, von der Empfängnis bis zum letzten Atemzug, und regen zur Innenschau durch Meditation, Mantren und Gebete an. Es folgt eine kleine Auswahl von lebensbegleitenden samskaras, die für alle Menschen gedacht sind: Für die Empfängnis eines Kindes, dessen Gesundheit, für den Schutz von Mutter und Kind, die Geburt des Kindes, seine erste Getreide-Nahrung, der Eintritt in die Schule, die Hochzeit und die Beerdigung.

Das *agnihotra* ist eine Feuerzeremonie, die nach dem Rythmus der Natur ausgeführt wird. Bereits in den ältesten vedischen Schriften wird die Anwendung des *agnihotra* als ein wirkungsvolles Reinigungsritual in der Medizin, der Landwirtschaft und dem gesamten Ökosystem beschrieben. Ein Blick in das Internet zeigt schnell, dass das *agnihotra* eine überaus breite und rege Anwendung auch bei Menschen findet, die sich nicht als Hindus ansehen. Jede Darbringung während der Zeremonie wird mit dem Gebetsruf *svaha* begleitet.

Trotz eines Tischgebetes ist es vor dem Essen üblich, eine kleine Portion der (vegetarischen) Speise, auf den Altar zu stellen und sie Göttin und Gott mit Gebeten anzubieten und dann die so gesegnete Mahlzeit zu essen.

Das oben erwähnte, sehr verbreitete und andachtsvoll gesungene Gebet, der *bhajan,* wird allein oder in Gemeinschaft gesungen. Das kann unter der Begleitung mehrerer Instrumente geschehen. Die Gläubige singen *bhajan* zu Hause, im Tempel, zu allen Festen oder einfach spontan auf der Straße *(kirtan)*.

Eine vorgeschriebene Körperhaltung für das Gebet gibt es nicht. Für das Beten mit der *japa* gibt es Empfehlungen, wie man sie in der Hand hält. In bestimmten Formen der Meditation gibt es bestimmte empfohlene Körperhaltungen. In jedem Fall muss es eine Haltung des Respekts sein. Darum zieht man, bevor man einen Tempel betritt, die Schuhe aus und wählt sich einen Sitz, der tiefer liegt als der Altar. Meistens sitzt man mit verschränkten Beinen im Yogasitz auf dem Boden oder steht vor dem Altar. Beim Betreten des Tempels oder vor dem Hausaltar ist die kniende Verbeugung üblich, bei der die Stirn den Boden berührt.

Manche Traditionen bevorzugen eine Gebetshaltung, bei der die Hände vor der Brust gefaltet werden. Vor und nach Beginn des Gebetes werden sie, als Geste des Respekts, jeweils kurz an die Stirn führt. Auch das Beten mit vor der Stirn gefalteten Händen ist üblich, was besondere Inbrunst ausdrückt.

Letztlich ist keine äußere Form zwingend, was allein zählt, ist die innere Haltung.

Der Hausaltar

Um das Gebet in der indischen Spiritualität und Religiosität besser verstehen zu können, ist es wichtig, etwas über die herausragende Bedeutung des Hausaltars im Alltagsleben der Menschen zu wissen. Was ist der Mittelpunkt unseres Zuhauses? Die Küche, das Wohnzimmer, der Arbeitsraum?

Seit alters her wird in Hindufamilien der wesentlichste Teil des Hauses in dem Andachtsraum gesehen. In ihm begannen sie den Tag mit der Verehrung Gottes und sammelten sich nach der Tagesarbeit durch die meditative Verbindung mit ihrer höheren Natur. Dieses spirituelle Zentrum im Wohnhaus wird *devata-archanam,* der Hausaltar, genannt. Nach der sakralen Architektur, dem *vastu,* befindet er sich im Nordosten des Hauses oder der Wohnung. Die Schriften berichten wenig über den Hausaltar, wahrscheinlich weil er schon immer selbstverständlich war.

Viele Hindus haben heute noch einen Raum für die Verehrung. Oft ist er reich geschmückt, manchmal auch betont sparsam ausgestattet. Im Grunde ist es ein Tempel in klein, in dem die Hausbewohner ihren Segen empfangen und der das gesamte Haus „zentriert". Jede Familie führt selbst die tägliche traditionelle *puja,* den Gottesdienst, aus, um die göttliche Energie in den Wohnbereich einzuladen. Der Hausaltar ist dabei eng mit dem „großen" Tempel verbunden, den sie wöchentlich besuchen. Meist nehmen alle Familienmitglieder an der *puja* teil, bringen Räucherwerk und Blumen dar. Das kann von Sanskrit-Gebeten begleitet werden, die wichtigste Gabe ist jedoch die Hingabe.

Quellen und einzelne Gebete

Quellen vieler Gebete sind die *Veden,* die *Puranas* und nicht zuletzt die Beispiele großer *Bhaktas,* der Verehrer Gottes. Selbst von jenen Personen, die das Göttliche als letztlich absolut formloses, unpersönliches *Brahman* definieren, sind inbrünstige Gebete überliefert. So betet der für die Vedanta-Lehre bedeutende Philosoph Shankara in seinem *Aparokshanubhuti:*

> *shri harim saramanandam spadeshtaram ishvaram*
> *syapakam sarvalokhanam saranam tam namamy aham*

> *„Ich verneige mich vor Ihm, Shri Hari,*
> *der höchsten Freude,*
> *dem ersten Weltenlehrer,*
> *dem Herrscher über allem,*
> *dem Alldurchdringenden,*
> *der Ursache des Universums."*

Eines der bekanntesten Gebete ist das *Gayatri-Mantra,* eine vedische Hymne, welche das Göttliche in Form der Sonnenkraft, *surya,* um geistiges Licht anruft. Viele Hindus sprechen oder singen es täglich dreimal, wobei der Gebrauch sich nicht auf diejenigen beschränkt, die lediglich in Brahmanenfamilien geboren wurden. Es ist vertraulich und wird von dem Lehrer in das rechte Ohr des Schülers geflüstert.

Das *Gayatri-Mantra* hat verschiedene Übersetzungen erfahren, die sich mitunter sogar deutlich voneinander unterscheiden. Das ist aber auch nicht ungewöhnlich, da sich in der Rezeption eines Mantra auch der Zeitgeist widerspiegelt. Die Mystik kann verdeckt werden, ohne dass das Mantra an sich verlorengeht, bis seine tiefere Bedeutung wieder in das Bewusstsein der Betenden gebracht wird. Beispielgebend folgende zwei Übersetzungen. Die erste (A) ist allgemein üblich. Die zweite (B) entspricht der Übersetzung aus der Vaishnavatradition (der Verehrer Vishnus), wie sie mit dem tiefen Deutungspotential der Sanskritsprache möglich ist.

om bhur bhuva svah
tat savitur varenyam
bhargo devasya dhimahi
dhiyo yo naha prachodayat

Lasst uns über die verehrungswürdige Ausstrahlung der göttlichen Sonne meditieren, die unsere Andacht zu steigern vermag.

Über den drei Ebenen unserer Erfahrung (Körper, Verstand, Vernunft: *bhur, bhuva* und *svah),* befindet sich die Seele, die uns, der Sonne gleich, das Sehen ermöglicht. Die Seele erhält ihre Seh-Fähigkeit von einer höheren Kraft, bhargo, die voller Glanz und Licht und deshalb für uns verehrungswürdig ist. Sie ist Gottes ureigene Kraft, Seine innere Freudenkraft. Lasst uns also in der Weise über Ihn meditieren *(dhimahi),* dass sich unser liebevoller Dienst zu Ihm unaufhörlich steigern möge.

Ein sehr populäres Gebet, das Millionen von Hindus täglich singen, besonders zur täglichen *arati,* ist das *„jay jagadisha hare"* (Ehre sei Dir, o Herr der Welt). In diesem Text kommt deutlich zum Ausdruck, dass das Wissen um die Einheit auch in den Gebeten der einfachen Gläubigen enthalten ist. Ein Ausschnitt:

„Ehre sei Dir, o Herr der Welt! Ehre sei dem ewigen Herrn! (...)
Du bist meine Mutter, mein Vater bist du. Wo sonst finde ich Zuflucht, o Herr?
Außer Dir ist kein Zweiter, kein anderer neben Dir.
Auf wen kann ich hoffen, wenn nicht auf Dich! Ehre sei Dir, o Herr der Welt!
Nimm die Gier von mir und alles Übel, o Herr! Vermehre die Hingabe und Liebe zu Dir, und lass mich den Heiligen dienen!
Ehre sei Dir, o Herr der Welt!"

Das *Maha*-Mantra, der „große Gesang", wird in vielen vedischen Schriften *(sarva vedeshu)* als eines der machtvollsten Mantren beschrieben. In ihm sind verschiedene Gottesnamen enthalten. *Hare* bezieht sich auf die Liebesenergie Gottes. *Krishna* bedeutet der „Allanziehende" und *Rama* der, „der unbegrenzte Freude verschenkt". Deshalb ist unter denen, die dieses Mantra für ihre persönliche Meditation beten, die folgende Übersetzung die natürliche:

„Mein lieber Krishna, lass mich ein Instrument deiner Liebe sein."

Hare Krishna Hare Krishna, Krishna Krishna Hare Hare; Hare Rama Hare Rama, Rama Rama Hare Hare.

Ein Gebet, das regelmäßig zu Beginn einer Lesung aus den heiligen Schriften gesprochen oder gesungen wird, ist:

om namo bhagavate vasudevaya

„Mein tief empfundener Gruß gilt dem segnenden Vasudeva".

Krishna verkörpert die spielerischen, schelmischen, freudvollen und bezaubernden Aspekte des Göttlichen. Als „Erwachsener" nimmt *Krishna* die Rolle des Lehrers ein. Er gibt uns Wissen, um unsere eigene Dunkelheit zu überwinden und sie mit dem Licht der Erkenntnis zu erhellen. Dieses Mantra, das sich sehr gut zum Singen im *kirtan* oder *bhajan* eignet, spricht alle an, die das Göttliche in Form von Krishna verehren.

Vasudeva ist ein weiterer Name Gottes. Er bekräftigt, dass das Göttliche einen mächtigen Aspekt besitzt, der uns aufzurichten vermag. Durch ihn können wir den spielerischen Quell von Vergnügen und Freude entdecken, der in uns existiert.

Bhagavate bedeutet: „der, der gesegnet ist oder zu segnen vermag". Wenn wir uns mit einem Mantra auf eine bestimmte Form des Göttlichen beziehen *(namo)*, öffnen wir uns selbst und unser Leben für dessen Segen.

Aus dem *Shrimad-Bhagavatam* stammt dieses eindringliche Gebet des jungen Königs Prahlad. Sein weites und offenes Herz kommt in diesem Gebet deutlich zum Ausdruck.

svasty astu vishvasya khalah prasidatam
dhyayantu bhutani shivam mitho dhiya
manas ca bhadram bhajatad adhokshaje
aveshyatam no matir apy ahaituki

„Möge das ganze Universum von Glück gesegnet sein.
Mögen alle neidischen Menschen friedlich werden.
Mögen alle Lebewesen durch liebevolle Hingabe an
Gott zur Ruhe kommen.
Durch liebevolle Hingabe werden sie an das Wohl-
ergehen ihres Nächsten denken.
Lasst uns deshalb Adokshaya, dem Unerklärlichen,
dienen und immer in Gedanken an Ihn versun-
ken sein."

Das folgende Friedensgebet stammt aus einer der ältesten *Upanishaden,* der *Brihadaranyaka-Upanishad.* Durch die Vertonung von Tina Turner mit Kindern aus aller Welt ist es sehr bekannt geworden :

om

sarvesham svastir bhavatu sarvesham
sarvesham shantir bhavatu
sarvesham purnam bhavatu
sarvesham mangalam bhavatu

Wohlergehen sei mit allen.
Friede sei mit allen.
Fülle sei mit allen.
Wahrer Reichtum sei mit allen.

Ein weiteres schönes Gebet stammt ebenfalls aus der *Brihadaranyaka-Upanishad* und ist somit mindestens 3000 Jahre alt.

om

asato ma sad-gamaya

tamaso ma jyotir gamaya
mrityor ma amrita gamaya

Führe mich von der Unwirklichkeit zur Wirklich-
keit
Führe mich aus der Dunkelheit in das Licht
Führe mich vom Tod zur Unsterblichkeit

Zum Abschluss noch ein universales Gebet aus den Upanishaden. Es ist sehr einfach. Geht man tiefer in die Bedeutung seiner Aussage hinein, so erfährt man viel über die
Mentalität der Weisen, die dieses Gebet hinterließen, das
jedes Wesen einbezieht, im eigentlichen Sinn sozialistisch
und hoch spirituell ist. Es beinhaltet eine große Liebe für
die gesamte Schöpfung:

om

sarve bhavantu sukhinah
sarve shantu nir-amayah
sarve bhadraanni pashyantu
ma kashcid-duhkha-bhaag-bhavet
om shantih shantih shantih

Mögen alle Wesen glücklich sein
Mögen alle frei von Übel sein
Mögen alle die Wahrheit erkennen
Möge niemand Leiden erfahren

2.5 Gebet im Buddhismus

Nicola Hernádi

Gebete zur Ausrichtung des eigenen Geistes

Gebete formulieren Bitten an eine höhere, zumeist transzendente Instanz. Da der Buddhismus einen Schöpfergott als Urgrund des Seins von Mensch und Welt ausschließt und stattdessen anspruchsvolle philosophische Thesen lehrt, wodurch er manchen eher als Denksystem und nicht als Religion erscheint, kann es nicht schaden, zum besseren Verständnis buddhistischer Gebete vorab einige Grundinhalte des Buddhismus anzuführen.

Was ist das Ziel des Buddhisten[1]? Zwei Ebenen sind zu unterscheiden: der weltlich gesinnte Buddhist wünscht sich eine angenehme Wiedergeburt mit komfortablen Bedingungen, Frieden, Wohlstand, Gesundheit und irdischem Glück. Für Personen auf diesem Niveau lehrte Buddha die Gesetze des Karma, also die Relevanz ethischen Handelns – kein Buddha kann die Erfüllung dieser Wünsche einfach herbeizaubern. Jedes noch so schöne Leben im Daseinskreislauf bleibt jedoch Alter, Krankheit und Tod unterworfen und immer wieder neu bewirkt der von Unruhe und Unzufriedenheit getriebene, verblendete Geist ein Dasein, das als defizitär empfunden wird. Um diesem Räderwerk des „Alles-durchdringenden-Leidens" entrinnen zu können, zeigt der Buddhismus Wege zum Begreifen auf, was Existenz überhaupt ist. Dazu wird der Geist durch Übung

---

1 Bei der Nennung der männlichen Form sind Buddhistinnen selbstverständlich miteinbezogen.

ethischer Disziplin, Konzentration und Weisheit zur Reife gebracht. Vollkommene Weisheit, auch als „Erleuchtung" bezeichnet, besteht aus direkter Einsicht in die reale, leere Existenzweise der Phänomene und sie geht untrennbar einher mit einer spontanen, allumfassenden Liebe. Warmherzigkeit zu entwickeln bedeutet daher ein unverzichtbares Weisheits-Training. Im Theravada-Buddhismus liegt der Schwerpunkt der Übung auf dem Erkennen aller Dinge und der eigenen Person als substanzlos („Nicht-Selbst"), unbefriedigend und vergänglich. In der weiteren Entwicklung des Buddhismus präzisierten dessen fähigste Köpfe das Verständnis von „substanzlos" und „vergänglich". Hier liegen die größten Differenzen der philosophischen Schulen im Theravada wie im Mahayana.

Wenn man konstatiert, alle Dinge seien „vergänglich", impliziert dies ein Verschwinden der Dinge, doch das entspricht nicht der Realität. Wenn z. B. Milch zu Joghurt wird, ist die Milch nicht völlig vernichtet, auch wenn sie nicht mehr als Milch wahrgenommen wird. Ein Phänomen, wie Milch, manifestiert sich auch nicht spontan, sondern hat eine Entwicklung aus komplexen Ursachen zur Bedingung. Milch existiert nicht substantiell aufgrund einer inhärenten Milch-Substanz, diese könnte dann gar nicht zu Joghurt werden. Mit dem Ich der Person verhält es sich ähnlich. Tatsächlich existiert nirgendwo ein unabhängiges, dauerhaftes, substantiell bestehendes Phänomen. Bei einem abhängigen, instabilen Phänomen – und nur solche gibt es – kann man gemäß indischer Philosophie nicht von wahrhafter Existenz sprechen. Buddhisten nennen diese Art zu existieren „Bestehen in Abhängigkeit", und sie trifft auch auf das Ich zu. Das Ich ist einerseits geistbegabter, dynamischen Gesetzen unterworfener Sternenstaub, andererseits können durch die Eigenschaften des Phänomens Geist dessen als Leid empfundene Faktoren im Kontinuum der Bewusstseinsmomente beseitigt werden – und darin besteht das Ziel des Buddhisten. Ein Buddha kann einem diese Erkenntnis nicht einfach übertragen, sie kann nur selbst im eigenen Geist realisiert werden. Diese grobe Skizze der buddhistischen Lehre der Leerheit von wahrhafter Existenz mag an dieser Stelle genügen.

Befreiende Weisheit durch Leerheits-Erkenntnis des Ichs klingt nach einem äußerst abstrakten Himmelreich für die Buddhisten. Was können Gebete hier ausrichten, und an wen wenden sie sich dabei? In der Tat muss man die wesentlichen Schritte im Buddhismus selbst vollbringen. Kein Buddha kann einem die eigenen Geistesgifte, schlechten Taten und die aus ihnen erwachsenden Leiden und Erkenntnis-Hindernisse abnehmen. So wird der Buddhismus von Anhängern theistischer Religionen manchmal als „harte Leistungsreligion" ohne den Faktor Gnade kritisiert. Ethisches Handeln, die Entwicklung eines warmen, liebenden Herzens, von Großzügigkeit, Geduld, Meditation und Konzentration belasten allerdings keineswegs das Leben, sondern erzeugen im Gegenteil schon in der Gegenwart nachhaltig Glück.

Diese Tatsache drückt sich in der Gebetshaltung der Buddhisten aus:

Die Haltung der Hände mit zusammengelegten Innenflächen vor dem Oberkörper ist einerseits die indische Anjali-Verehrungsgeste (*anjali* „zwei Handvoll"), aber als Buddhist schiebt man die Daumen leicht nach innen und visualisiert dabei ein blaues Juwel, welches man in der Vorstellung in den Händen birgt. Dieses Juwel stellt zum einen die Buddha-Lehre dar und verwendet dabei das Bild des legendären blauen Wunschjuwels der indischen Mythologie namens Kaustubha. Es symbolisiert die Tiefe und Grenzenlosigkeit des Bewusstseins. Der Schlüssel zur Erfüllung aller Wünsche des Betenden liegt letztlich hier. Zum anderen sind auch alle Mitwesen dieses Juwel, weil nur durch ihr Vorhandensein die Voraussetzungen zur Erleuchtung entwickelt werden können.

Der Buddhist hat in seinen Gebeten drei Arten von Adressaten:

1. Weltliche Götter in verschiedenen Himmeln und allerlei Gattungen von Geistern können um Hilfe bei irdischen Problemen angerufen werden. Schon seit Urzeiten gibt es im Buddhismus Rituale, mit denen Nagas, schlangenhafte Naturgenien, im Falle unerklärlicher Krankheiten, drohenden Überschwemmungen etc. befriedet oder aber auch dämonische Geister als Orakel (z.B. das Nechung-Staatsorakel der Tibeter) um Rat aus höherer Perspektive gefragt werden. Mönche werden entsprechend ausgebildet und einige werden als besondere Mittler für diese, aufgrund des unberechenbaren Charakters der Adressaten nicht ungefährlichen Rituale eingesetzt. Diese Art Gebete an sterbliche Wesenheiten weisen einen schamanistischen Charakter auf und sie gelten als nützliches Beiwerk, mit denen man den Menschen helfen kann, auch wenn sie mit der Reifung des eigenen Geistes und dem Erkennen der Wirklichkeit als Schlüssel zur endgültigen Befreiung nichts zu tun haben.

2. Buddhas, Bodhisattvas und die Gurus, die fortgeschrittenen geistigen Lehrer der Überlieferungslinien, bilden das Zufluchtsobjekt des Sangha. An sie richtet sich eine Vielzahl unterschiedlicher Gebete: Lobpreisende Verse, Bitt-Gebete, Bekenntnis-Gebete eigenen Fehlverhaltens. Sie werden als Zeugen beim Ablegen von Gelübden aller

Art angerufen. Eine historische Sonderstellung nimmt der transzendente Buddha Amitabha in seinem Buddhaland Sukhavati ein. Um ihn entwickelte sich ein intensiver Gebetskult, die *Reine-Land-Schule,* die manche als Entartung empfanden. An seinem Beispiel lässt sich jedoch gut demonstrieren, in welcher Weise die Praxis von Gebeten im Buddhismus überhaupt verstanden werden kann, nämlich vorwiegend als Mittel, den eigenen Geist auszurichten. Einer Legende nach betrachtete einst ein chinesischer Zen-Gelehrter ein altes Mütterchen, wie sie unaufhörlich das Mantra des Buddha Amitabha sprach und für ihre Wiedergeburt im Reinen Land betete. Der stolze Gelehrte fragte sie spöttisch, wo sich denn ihrer Meinung nach dieses Reine Land befände? Sie warf ihm einen mitleidsvollen Blick zu, und ohne die Rezitation zu unterbrechen, deutete sie mit der Hand auf ihr Herz.

3. In vielen Gebetsformeln und Rezitationen appelliert der Beter direkt an das eigene Bewusstsein, sich an die eigenen Überzeugungen, Ausrichtungen und Gelübde zu erinnern und den Horizont seiner Liebe ins Grenzenlose zu erweitern. Die Anrufungen an die Buddhas und Bodhisattvas erzielen parallel diesen Effekt.

Um den Geist zur „Erleuchtung" zu bringen, muss der praktizierende Buddhist zwei geistige „Vorratskammern" füllen: eine mit Potentialen aus heilfördernden guten Werken aller Art, also „gutem Karma", und eine zweite mit Potentialen aus der konzentrierten Schulung der Sichtweise des abhängigen Bestehens aller Phänomene als substantiell leer von inhärenter Eigennatur. Um diese zwei Ansammlungen forciert zusammen zu bekommen, praktizieren Buddhisten des tibetischen Buddhismus exzessiv die sogenannten „vier vorbereitenden Übungen". Sie erwirken die benötigten unterschiedlichen Impulse auf den „Drei Ebenen" von Körper, Rede und Geist, indem sie hunderttausend Mandala-Rituale darbringen, hunderttausend Ganzkörper-Verneigungen, hunderttausend Reinigungs-Mantra-Rezitationen und ebenso viele Guru-Yoga-Gebete ausführen. Im Idealfall studiert man ausgiebig die Philosophie der Leerheit, absolviert die vorbereitenden Gebets-Übungen und zieht sich dann unter Aufsicht eines fähigen Lehrers für mindestens drei Jahre in die Isolation eines Meditations-Retreats zurück, um stufenweise höhere Einsichten zu verwirklichen.

Spontanes und rituelles Beten

Das spontane Gebet

Der buddhistische Gläubige des Mahayana-Buddhismus ruft in schwierigen Situationen gerne direkt seine Ishtadevas an. Das sind die Bodhisattva-Erleuchtungshelfer, zu denen sein Herz eine besondere Verbindung empfindet. Betet man z.B. zum Bodhisattva Avalokiteshvara, der Verkörperung des erleuchteten Mitgefühls, formuliert man seine akute Notlage und bittet ihn direkt. Dazu spricht man auch das zugehörige Mantra OM MANI PADME HUM. Damit einen die Hilfe erreichen kann, muss man die „Öse ausbilden, in die der rettende Haken der Buddhas einhaken kann", so die klassische Metapher. D.h. man sollte Beistand nicht durch negative Taten karmisch unmöglich machen, sondern durch gute Werke Selbsthilfe zur Hilfe leisten.

Auch gibt es bei den Bodhisattvas Zuständigkeitsbereiche: Studierende und Gelehrte beten um Unterstützung durch Manjushri, der Verkörperung der erleuchteten Weisheit. Wer gegen äußere und innere Widerstände das Gute und dem Allgemeinwohl dienende Projekte durchsetzen will, richtet seine Gebete an Vajrapani, den Aspekt erleuchteter Durchsetzungskraft. Immer als Adressat geeignet ist die „Grüne Tara", ein weiblicher Buddha. Sie gilt als Verkörperung der gereinigten subtilen Winde, der Trägerenergie des erleuchteten Geistes.

Einerseits halten viele Gläubige diese Bodhisattvas für reale Personen, die eine ausgefeilte Ikonografie aufweisen und um die sich viele Legenden ranken. Für die Fortgeschrittenen auf dem Pfad verleihen sie Realitäten des erleuchteten Geistes eine Gestalt, die seine komplexen Inhalte greifbarer macht und nahebringt. Deshalb finden sich so viele nuancierte Varianten an Darstellungen. Um die vielen Facetten der Erleuchtung selbst in sich zum Strahlen zu bringen, verbindet man sich mit ihren Aspekten in visualisierender Meditation und durch Mantra-Rezitation mithilfe von Gebets-Texten, den Sadhanas. Ein großer tibetischer gelehrter Meister wurde in Gegenwart der Autorin einmal von einem westlichen Experten gefragt, worin denn der Unterschied zwischen dem gelben und dem weißen Manjushri bestünde. Antwort: „Das ist wie bei den Gummibärchen, die einen Schüler mögen lieber die gelben, die anderen die weißen."

Die Technik, abstrakten geistigen Prinzipien eine Gestalt zu geben, hat im Buddhismus eine lange Tradition und blieb nicht auf das Mahayana beschränkt. Im Theravada ist sie jedoch im Laufe der Zeit weitgehend abhandengekommen. Avalokiteshvara gilt als Befreier aus den acht Gefahren durch Dämonen, Löwen, Schlangen, Elefanten, Gift, Räuber, Feuer und Schiffbruch. Letztere symbolisieren jedoch vor allem die inneren Gefahren, wenn Zweifel, Stolz, Ärger, Verblendung, Geiz, falsche Überzeugungen, Missgunst und Anhaftung[2] den Geist trüben. Ihnen wirkt ein von Liebe und Erkenntnis der Leerheit erfülltes Bewusstsein entgegen, das sich einstellt, wenn man die Gestalt des Avalokiteshvara meditiert und auch wenn man zu ihm betet. Ob man nun zu Buddha und im Mahayana zusätzlich zu den Bodhisattvas als Personen betet oder sie als Formen geistiger Wirklichkeiten versteht, die vertrauende Hingabe während der Gebete sät Samen in das fruchtbare Feld der Segensansammlungen der erleuchteten Sphäre, deren Früchte dann im eigenen Geist geerntet werden – so die Praxis.

Rituelle Formen des Gebetes

Die Zufluchtnahme-Formel

Die wichtigste Gebetsformel: „Ich nehme Zuflucht zum Buddha. Ich nehme Zuflucht zum Dharma. Ich nehme Zuflucht zum Sangha" formuliert die innere Ausrichtung des Buddhisten und ist verbales Siegel für die Zufluchtnahme-Gelübde. Indem man gelobt, Buddha, seine Lehre der Realität, den Dharma, und die erleuchtete Gemeinschaft, den Sangha, als höchste Leitsterne das weitere Leben bestimmen zu lassen, verpflichtet man sich zur Einhaltung einiger täglich auszuführender ritueller Handlungen. Die Gebetsformel, mit der man sich an Buddha, Dharma und Sangha bindet, wird mindestens dreimal am Tag und dreimal in der Nacht rezitiert. Zusätzlich wird jede Speise und jedes Getränk vor dem eigenen Genuss im Geiste der vorgestellten Versammlung der Buddhas und Bodhisattvas und allen Mitwesen offeriert. Im Gefühl der Mitfreude an der

---

2   Etwas, was man besitzen will, aber nicht besitzen kann und somit Unglück und Leid auslöst.

vorgestellten Freude der anderen beginnt man dann erst mit der eigenen leiblichen Stärkung. Um diesem Gebetsritual Tiefe zu verleihen, ist es unerlässlich, genau zu wissen, worin die jeweiligen Qualitäten der drei Zufluchtsobjekte Buddha, Dharma und Sangha bestehen. Mit dem Wissen um die Bedeutung der Zuflucht ist sie das „Glaubensbekenntnis-Gebet" des Buddhisten. Jede buddhistische Aktivität, Studium, Meditation oder jedwede Zeremonie wird durch die Worte der Zufluchtnahme eingeleitet und der Geist entsprechend eingestimmt.

Gebet zur Entwicklung des altruistischen Strebens nach Erleuchtung – Bodhicitta
Der Mahayana-Anhänger fügt der Zufluchtnahme-Formel die dreimalige Wiederholung der Bodhisattva-Gelübde hinzu: „All ihr Buddhas und Bodhisattvas, hört mich an. Ich gelobe aus tiefstem Herzen, die Bodhisattva-Gelübde zu halten. Möge ich, um den Wesen in der besten Weise dienen zu können, schnell Buddhaschaft erlangen." Auch diese Formel wird sechsmal täglich ausgesprochen. Die 18 Haupt- und 46 Nebengelübde, die mit ihr verbunden sind, gilt es natürlich einzuhalten.

Das siebenteilige Gebet
In der Mahayana-Tradition, insbesondere des tibetischen Buddhismus, folgt der Zufluchtnahme und der Bodhicitta-Stärkung ein in unterschiedlichen Versionen vorliegendes *Siebenteiliges Gebet, der König unter den Gebeten*. Eine klassische Vorlage hierzu findet sich im *Avatamsaka Sutra*. Diese auch als *Gebet zum edlen Verhalten* bekannten Verse umfassen sieben unterschiedliche Handlungen, die den Geist inspirieren, reinigen und stärken helfen. Sie beinhal-

ten Verehrung der Buddhas und Bodhisattvas, Darbringung von Gaben, Bekenntnis und Reue über eigenes Fehlverhalten, Freude über das eigene vollbrachte Gute sowie die guten Taten anderer. Zudem die inständigen Bitten an die Erleuchteten, den Dharma zu lehren, um die Welt nicht in Dunkelheit zu lassen und sich nicht in den Frieden des Nirvana zurück zu ziehen, sondern in der Welt als Beistand zu verbleiben.

Mandala-Darbringung

Eine wichtige Gebetspraxis, die von vielen tibetischen Buddhisten täglich ausgeführt wird, besteht in der Darbringung eines Mandalas. Dies kann in aufwändiger langer oder schlichter kurzer Form geschehen. In der üppigen Version verwendet der Betende ein Mandala-Set aus einer ringförmigen, flachen Basis-Schale, die mit Getreidekörnern, Juwelen und kostbaren Dingen im Uhrzeigersinn in einer bestimmten Abfolge gefüllt wird, die den Raum in die Kardinal- und Zwischenrichtungen durchmisst. Auf den wachsenden Körner-Edelstein-Berg setzt man dann während der Rezitation stufenweise drei sich verjüngende Ringe auf und erhält das kosmologische Abbild des Universums mit dem legendären zentralen Weltberg Meru des antiken Indien. Tiefsinnige Details seiner Reichtümer werden im Gebet beschrieben und als kleine Anhäufung gestreut. Gekrönt wird das Miniatur-Universum mit einer Spitze, die drei flammende Juwelen zeigt. Man schenkt in diesem Ritual sich selbst und die ganze Welt für das Heil. In der Kurzform dieses Gebetes faltet man seine Hände zu einem symbolischen Abbild des Kosmos und visualisiert vor dem geistigen Auge die in den Versen beschriebene herrliche heile Welt, die man dann schenkt. Man kann auch im Alltag, wann immer man etwas besonders schönes erlebt und sieht, wie etwa blühende Blumen, den aufgehenden Mond, Eiskristalle oder die farbigen Lichter der Straßen und Rummelplätze, diese freudigen Eindrücke im Geist zu einem Mandala machen, und sie so den Buddhas und allen fühlenden Wesen weiterschenken. In jedem Fall beschließt man den Akt mit dem Mantra: *„idam guru-ratna-mandalakam niryatayami – dieses schenke ich dem Kreis der juwelengleichen Lehrer."*

Sadhana-Gebetspraxis und Guru-Yoga

Praktizierende tantrischer Methoden des Mahayana-Buddhismus müssen sich auf umfangreiche und zeitaufwändige Gebetsrituale einstellen, die sie sich als tägliche Rezitation und Meditation mit der Annahme einer Initiation durch ihren spirituellen Lehrer per Gelübde bereitwillig auferlegen. Im Laufe einer fruchtbaren Lehrer-Schüler-Beziehung wachsen mit der Zahl an Initiationen die Gebets-Verpflichtungen stark an und können am Tag mehrere Stunden erfordern. Mit der tantrischen Initiation in eine bestimmte Buddha-Emanation erhält man einen Sadhana-Ritualtext, der die Schritte der Meditationen, die im Geist täglich nachzuvollziehen sind, vorgibt. Zusätzlich wird sechsmal am Tag ein sogenanntes Guru-Yoga praktiziert. Ein Guru-Yoga ist ein Text, der den Schüler in besonderer Weise mit seinem Lehrer und dessen Lehrern der Überlieferungs-Tradition im Hintergrund verbindet.

Mantren und Dharanis

Mantren erfüllen als Kettengebete eine wichtige kontemplative Funktion. Jeder Buddha und Bodhisattva und damit jeder erleuchtete Geistesfaktor hat ein ihm zugeordnetes Mantra. Mantra bedeutet „Werkzeug/Mittel zum Denken". Das berühmte Mantra des Bodhisattvas Avalokite-shvara, das OM MANI PADME HUM, eignet sich gut, den Sinn von Mantren generell verständlich zu machen. Alle Mantren beginnen mit der heiligen indischen Keim-silbe OM. Diese ausführlich zu erklären, würde den Rah-men dieses Textes sprengen.[3] Es geht um die diffizile Frage, wie geäußerte Laute zu einem bedeutungstragenden Wort werden. Wie formt der Geist einen Bewusstseinsimpuls zu einem Laut und dann zu einem Wort? Ab wann beginnt der Geist, seine Regungen konzeptuell zu Begriffen zu struk-turieren? OM symbolisiert unter anderem die uranfängli-che Aufladung von Klang mit Geist. Das OM stellt gewis-sermaßen die geistige Essenz eines jeden Wortes dar. Man denkt unwillkürlich an die geheimnisvolle Einleitung des Johannes-Evangeliums: „Am Anfang war das Wort..." Das OM besteht aus den drei ineinander übergehenden Vokalen A-O-U und ihrer finalen Nasalierung durch den *Anusvara* M. Der Klang „reitet" direkt auf dem Atemstrom und ver-bindet innen und außen. Die Keimsilbe HUM besiegelt mit ihrem Klang das Mantra und löst es in Leerheit auf. Der Hauchlaut H symbolisiert die subtilen Energieströme des Lebens, Prana, von denen einer der Atem ist. Der domi-nierende Vokal U bedeutet die „Schwelle des Schweigens", „das Tor zum Unhörbaren". Er bildet die äußerste vokale Lautgrenze, die der menschliche Mund mit der Stimme zu bilden in der Lage ist. Die Nasalierung durch den Anusvara M macht bedeutungslose Klänge zu Keimsilben und weist sie als sakrale Laute aus. HUM symbolisiert vor allem die endgültige Zerstörung des Egos. Der gewöhnliche Tod macht Angst, weil er scheinbar die Existenz des Ichs be-

---

3   S. a. entsprechenden Abschnitt in „Gebet im Hinduismus": S. 105.

droht. Der Weg zu Todlosigkeit und Befreiung verläuft paradoxerweise über die Beseitigung des falschen Ich-Begriffes, die „Tötung des Ego", weshalb besonders die furchterregend aussehenden, tantrischen Erleuchtungshelfer die Silbe HUM in mehrfacher Wiederholung im Mantra tragen. Mit dem Aussprechen der Silbe HUM beseitigt das Wissen um die Substanzlosigkeit der eigenen Person und der Welt alles Festklammern und alle Ängste.

MANI und PADMA, Juwel und Lotos, sind in der Anrufungsform des Vokativs die Stichworte für etliche untrennbare Gegenpole der buddhistischen Lehre: Mitgefühl und Weisheit, Leerheit und dynamisches Bestehen in Abhängigkeit und einige mehr. Das Juwel, der Diamant, ist Symbol für Kostbarkeit, Schönheit, transparente Klarheit, Unbewegtheit und Festigkeit und damit geeignet, die unzerstörbare Reinheit aller Phänomene aufgrund ihrer Leerheit zu veranschaulichen, aber auch die lichte, erkennende Beschaffenheit der subtilsten Natur des Geistes. Er ist Sinnbild der wichtigsten Methode zur Erleuchtung, der Entwicklung altruistischer Liebe, mit deren Zunahme automatisch die Ego-Anhaftung schrumpft und die groben Zustände des Geistes aufhören. Der Lotos symbolisiert das schöpferische dynamische Prinzip, die gerichtete Bewegung aller Dinge im Raum, die man „Werden" nennt. Der Lotos ist vor allem auch ein altes indisches Fruchtbarkeitssymbol, Zeichen der Reinheit und des weiblichen Schoßes als Sitz der Kräfte, die Leben kennzeichnen. Seine strahlende Schönheit, trotz Verwurzelung im schmuddeligen Schlamm, illustriert die positive Entwicklungsfähigkeit des Phänomens Geist. Analog werden die Buddhas in den legendären Buddha-Ländern „aus einem Lotos geboren"; das Bild beschreibt eine geistige Geburt.

Im praktischen Gebrauch kommt die Gebetsformel OM MANI PADME HUM auf verschiedene Arten zum Einsatz: Als Übender möchte man in allen Situationen geduldig und liebevoll bleiben, doch aufbrausender Zorn gewinnt immer wieder die Oberhand. Durch geschulte Achtsamkeit bemerkt man allmählich rascher, wenn Zorn entsteht und rezitiert dann in der akuten Situation im Geist das Mantra, erinnert sich an die Gestalt von Avalokiteshvara und das eigene Vorhaben, Hass in Liebe zu verwandeln. Man ringt den Ärger-Impuls mit dem Mantra nieder. In seelischen Notlagen, wenn der Geist zu aufgewühlt ist, um tiefsinnige Inhalte zu bedenken, kann man sich mit der Rezitation des Mantras einen raschen Halt geben.

Des Weiteren rezitiert man das Mantra, wo immer man geht und steht. Das Mantra wirkt als Schiene, die den Geist vor dem Abdriften schützt. Statt an der Ampel bloß dösig in die Gegend zu stieren, entwickelt man mithilfe des Mantras gegenüber allen, denen man begegnet, kontinuierlich einen offenen, liebenden Geist und häuft dabei noch gutes Karma an. Insbesondere an Stellen, von denen aus man weit schauen kann, auf Türmen, Aussichtsplattformen, Bergen etc., wendet man diese Methode des Mantra-Gebetes an. Zusätzlich kann man zwischen anstrengenden meditativen Konzentrationsübungen einige Zeit das Mantra rezitieren, damit der Geist entspannt, aber nicht abgelenkt wird. Wenn man um Erkenntnis ringt, verwendet man entsprechend das Mantra des Bodhisattvas Manjushri. Mantren sollen generell eine Verbindung zur erleuchteten Sphäre herstellen.

Viele Mantren, wie z. B. das Vajrasattva-Reinigungsmantra, bestehen aus Imperativen wie „Halte dein Gelübde, bleibe bei mir, steh' mir bei, bewirke mir Erfolg!" Das Reinigungsmantra wird angewendet, um die Folgen negativen Handelns, das man bereut, zu minimieren und das Kontinuum der Handlungen im Geist zu unterbrechen. Das „Diamantwesen", Vajrasattva, kann als personale Instanz aufgefasst werden, die man um Hilfe bittet, oder man begreift Vajrasattva als das eigene geistige Potential zur Reinigung, das man mithilfe des Mantra-Gebetes stimuliert.

Dharanis dagegen sind veritable verbale Schutzamulette gegen weltliche Gefahren aller Art. Sie finden sich in allen Traditionen des Buddhismus.

Text-Rezitationen

Im Theravada spielt die Einhaltung der *Uposatha*-Tage eine große Rolle. An diesen Tagen, die nach dem Mondkalender berechnet werden, reinigen sich Ordinierte[4] von Regelverstößen, indem sie gemeinsam die Ordensregeln, den *Pratimoksha,* rezitieren. Die Laien nehmen häufig die *fünf Silas,* die fünf Laien-Gelübde für den Tag (Abstehen von Töten, Stehlen, Lügen, missbräuchlichem Geschlechtsverkehr und Rauschmitteln) oder weiten diese bis zu zehn Verhaltensregeln aus (Enthaltung von Speisen, von trivialer Unterhaltung und kosmetischem Luxus, von Sex, von hohen Liege- oder Sitzmöbeln, vom Umgang mit Geld oder Zahlungsmitteln), insbesondere, wenn sie auf einen Vollmondtag fallen. Zu diesen Anlässen wird gemeinsam im Kloster und auch privat intensiv gebetet.

Die vielen Festtage in den unterschiedlichen buddhistischen Traditionen werden allesamt von Gebeten in den Tempeln, Klöstern und auch privat begleitet. Dazu ist es üblich, Texte der Überlieferung zu rezitieren. Gläubige können die Ordinierten auch gegen Spende bitten, die

---

4 Mönche und Nonnen.

gesamte textliche Überlieferung zu rezitieren und da diese sehr umfangreich ist, lesen die Mönche parallel laut in Kakophonie[5] verschiedene Abschnitte vor, um in einer bestimmten Zeit den kompletten Satz zu absolvieren.

Vor großen Lehrversammlungen werden ausgiebig Gebetsrezitationen wesentlicher Texte zelebriert.

Im Mahayana darf dabei das *Herz-Sutra* nicht fehlen, Repräsentant der „Vollkommenheit der Weisheit" der *Prajnaparamita*-Literatur. Die Novizen[6] in den tibetischen Klöstern verwenden ihre ersten Studienjahre komplett auf das Memorieren von Texten, Gebeten und den Rezitationsweisen, die man den durchweg metrischen Texten unterlegt.

Die täglichen Gebete der buddhistischen Mönche, Nonnen und Laien werden sowohl gesprochen als auch gesungen. Die Rezitationen sind absichtsvoll nicht melodisch gehalten, sie bilden in allen Traditionen eher einen monochromen, rhythmischen Klangteppich. Tibetische buddhistische Gebete weisen eine faszinierende Vielzahl von Varianten an Rezitationsweisen auf, extrem maskuline, tiefkehlige Gesänge mit Oberton-Stimmbegleitung, versetzte Sprechweisen, die einen gewollt bizarren Lärm erzeugen und in der Lautstärke an- und abschwellende Modulationen. Ähnliche Techniken, allerdings melodiöser und weicher, finden sich in China, Japan und Korea.

Das Widmungsgebet

Nach jeder Beschäftigung mit Inhalten der Lehre, Meditation, Studium, Unterweisung oder tantrischer Praxis, widmet

---

5   Kakophonie, griech.: laute, unangenehme Geräusche.
6   Novizen: Menschen, die sich auf das Ordensleben vorbereiten.

der Mahayana-Buddhist die erwirkten positiven karmischen Potentiale der Allgemeinheit.

Er fixiert mit den Widmungs-Versen deren Entwicklungs-Richtung, damit diese allen fühlenden Wesen in der besten Weise Segen bringen. Alle Traditionen gemeinsam sprechen die Formel: *„Mögen alle Wesen frei sein von Leid und den Ursachen von Leid. Mögen alle Wesen Glück erlangen und die Ursachen von Glück.“*

Orte für Gebete

Der wichtigste Ort für das Gebet ist der eigene Geist. Wenn man sich um dessen positive Veränderung bemüht, macht man ihn zum Tempel, zur heiligen Stätte und zum Zufluchtsort. Dennoch helfen auch besondere äußere Orte dem Buddhisten bei der Umwandlung seines Geistes durch Gebete.

Der Stupa

Dieser gebaute Reliquien-Schrein, in Sri Lanka Dagoba genannt (Sanskrit: Dhatugarbha, „Schoß der Elemente“, im Deutschen zur „Pagode“ mutiert), dessen Teile sich auch als architektonisches Nachschlagewerk für die zur Erleuchtung notwendigen Faktoren lesen lassen, fungiert als Sendemast des Guten. Man umwandelt ihn im Uhrzeigersinn rechtsherum und spricht dabei Mantren und Gebete. Er wird von Laien und Ordinierten gleichermaßen genutzt. Die darin enthaltenen *Sharira*, kristalline Reliquien, die in der Asche von erleuchteten Personen gefunden werden, gelten als lebendige Fragmente des erleuchteten Körpers eines Buddhas. Sie strahlen Heiligkeit aus, die auf den Geist des Beters wirkt. Auch andere Reliquien, Zähne, Haare oder Schnipsel der Kleidung eines Heiligen, werden im Stupa verwahrt. Der Stupa selbst ist Abbild des erleuchteten Geistes eines Buddha.

Der Tempel

Im Tempel wird alltags privat, aber auch gemeinsam zu regelmäßigen Zeremonien, Unterweisungen, Festtagen und besonderen Anlässen gebetet. Häufig wird er von Mönchen oder Nonnen eines nahegelegenen Klosters betreut.

Buddha-Bildnisse

Die Anwesenheit einer geweihten Darstellung des Buddha, egal ob sich diese in einem Tempel oder auf dem Hausaltar befindet, dient als Ort für Gebete. Hier gibt es Vorschriften, wie die Statuen oder Bilder beschaffen sein sollten und was bei ihrer Aufstellung zu beachten ist, um Respektlosigkeit gegenüber dem Bildnis als Gefäß für den erleuchteten Körper eines Buddha und daraus resultierende Hindernisse zu vermeiden. In der westlichen Wellness-Mode werden derzeit sogar Toiletten mit Buddha-Statuen dekoriert – ein Schock für traditionelle Buddhisten.

Statuen des Buddha und der Bodhisattvas werden aufwändig mit spezifischen Gebetstexten und einer zentralen Achse aus Sandelholz unter akribischer Beachtung der rituellen Vorschriften gefüllt und eingesegnet. Den Bildwerken auf dem eigenen Altar und im Tempel werden unter Gebeten täglich frisches Wasser zum Trinken und zur Reinigung, Blumen, Duftrauch, geweihtes Wasser, herrliche Klänge und Licht als Gabe dargebracht – der Einfachheit halber symbolisch als Wasser in sieben Schalen.

Das unter Gebeten vollzogene Entzünden möglichst vieler Butterlampen in Tibet und die Gabe von Lichtern allgemein drückt dazu auch den Wunsch nach Erleuchtung aus.

Leichenfelder und Meditationsstätten großer Meister

An Orten, die besonders geeignet sind, innere Abkehr von der Anhaftung an die trivialen Annehmlichkeiten der Welt und an den eigenen Körper hervorzurufen, weil sie Tod und Vergänglichkeit ins Bewusstsein rücken, wie etwa Friedhöfe, Schlachthäuser, Kriegsschauplätze und ähnliche, werden häufig Gebetsrituale und Meditationen ausgeführt. Ermutigenden Charakter dagegen haben Orte, wo große Vorbilder ihren Durchbruch zur Erleuchtung unter den notwendigen großen Anstrengungen geschafft haben, und die dann für andere als Gebetsort eine besondere Inspirationsquelle darstellen. Zumeist sind das Einsiedlerhöhlen oder Retreat-Hütten.

Die wichtigsten Gebets-Utensilien

Die Mala, der buddhistische Rosenkranz

Die Mala besteht aus 108 Perlen[7]. Die Zahl gilt in Indien als vollkommen. Ihr werden unterschiedliche astrologische, numerologische und atemtheorierelevante Bedeutungen zugeschrieben. Kristall, Edelstein, Koralle, je kostbarer das Material, desto besser - für den höchsten Zweck kann nichts gut genug sein. Gerne verwendet man Samen des Erleuchtungsbaumes (ficus religiosa) oder Lotos-Samen. Die Farben und Materialien indizieren darüber hinaus die Anliegen bestimmter Gebetspraktiken: weiß für Befriedung, rot für Beseitigung von Hindernissen und Unterwerfung negativer

---

7   Vgl. Gebet im Hinduismus: S. 108.

Einflüsse, kostbare Materialien für spirituelles Wachstum. Die Perlen sollten keine Beschädigungen aufweisen. Malas aus Knochen sollten nicht für die tägliche Gebetspraxis verwendet werden, sie dienen speziellen tantrischen Praktiken, in denen der Tod, Zerstörung und zornvolle Erscheinungen der Bodhisattvas fokussiert werden. In überlieferten Texten wird minutiös angegeben, welchen Kriterien der Rosenkranz als taugliches Instrument genügen muss, hinsichtlich der Beschaffenheit der Schnur aus drei, fünf oder neun Fäden, ihrer Länge, Farbe etc. Unzählige Details, deren Angabe hier zu weit führen würde, finden Beachtung. Das Verschlussstück der Mala sollte aus drei Ebenen bestehen, einer blauen, einer roten und einer weißen als Symbol für Körper, Rede und Geist oder aber einem runden und einem zylindrischen Element, die dann Leerheit und die Weisheit, welche Leerheit erkennt, repräsentieren und in der zusammengesetzten Form einen kleinen Stupa bilden. Verfügt die Mala nur über einfache runde Perlen, muss man sich das Geforderte eben visualisieren. Beim Bewegen der Mala durch die Finger sollte nicht die Richtung gewechselt werden. Erst mit Vollendung einer Runde aus 108 Rezitationen dreht man die Reihenfolge um. Die Perlen dienen als Zähl-Elemente, wenn z.B. eine bestimmte Anzahl Rezitationen absolviert werden soll. Hat man sich zu hunderttausenden Gebeten verpflichtet, hängt man beidseitig Zwischenzähler mit Metallringen ein, an denen man Einer- und Zehnerrunden vermerken kann. Der Einer-Zähler ist mit einem Vajra geschmückt, den Zehner ziert eine Glocke. Bevor man eine neue Mala verwendet, sollte man sie segnen oder seinen Lehrer bitten, das zu tun. Man nimmt die Verschlussperle zwischen Daumen und Zeigefinger der linken Hand, schlingt die restliche Mala rechtsherum um die

Finger und visualisiert sie als Buddha mit Entourage. Dafür gibt es verschiedene kurze oder lange Rituale und ein entsprechendes Segnungs-Mantra: OM RUCIRA MANI PRAVARTAYA HUM – „OM. strahlendes Juwel, scheine fort! HUM". Die persönliche Gebets-Mala sollte nicht wie ein gewöhnlicher Gegenstand behandelt oder als Schmuckkette betrachtet werden, sondern mit Achtung, weil sie dem Ziel der Befreiung dient.

Vajra und Glocke

Die beiden Ritualgegenstände für tantrische Gebete symbolisieren die Untrennbarkeit von Methode und Weisheit. Das Diamant-Zepter, der Vajra, ist dabei ähnlich geformt wie das Blitzebündel des Zeus, jedoch mit buddhistischer Kennung. Die Unzerstörbarkeit des Friedens von Nirvana und die mit Erleuchtung einhergehenden Kräfte und Erlangungen werden in dieser machtvollen Waffe des indischen Gottes Indra dargestellt. Die Glocke steht für die Weisheit der Erkenntnis der Leerheit. Sie ist geschmückt mit einem zentralen Lotos und Schutzkreisen aus vielen Vajras. Beide Gegenstände weisen eine Fülle an Details von Referenzen zu buddhistischen Lehrinhalten auf, sind ein Mandala im Mandala. Mit ihrer Hilfe werden bestimmte Gebetstexte durch Handgesten und den Klang der Glocke komplettiert. Sie unterstützen symbolische Darbringungen an die sechs Sinnesfähigkeiten und veranschaulichen rituell die Zerstörung innerer und äußerer Hindernisse zur Erkenntnis.

Mandala

Das Mandala-Set besteht aus einer flachen, kreisförmigen Schale mit drei Aufsatzringen und einer Spitze, die ein oder drei flammende Juwelen zeigen. Dazu gehört ein Gemisch aus Getreidekörnern, Edelsteinen, getrockneten oder frischen Blüten und anderen erfreulichen Dingen. Das Ganze wird meistens als Bündel in einem goldenen quadratischen Tuch aufbewahrt, das man als Unterlage für die Darbringung während der Rezitation benutzt. Der Sinn besteht darin, rituell das ganze Universum wie sich selbst in seiner reinsten und heilsten Form als Geschenk darzubringen.

Bestimmte tantrische Initiationen erfordern ein kunstvoll aus farbigem Sand gestreutes oder gemaltes Mandala. Das Wort Mandala bedeutet „Kreis", und dieser besondere Kreis des Mandalas symbolisiert die erleuchtete Sphäre als Grundriss eines detailreichen Palastes. Gebete werden durchgeführt und die spezielle Emanation des Buddha-Aspektes gebeten, sich in dem Mandala-Palast aufzuhalten. Am Ende wird das Gebilde mit dem Vajra zerschnitten, der mit Segen behaftete Sand in eine Vase gefüllt und unter Gebeten in ein fließendes Gewässer geschüttet.

Gebetsmühle

Diese kuriose „Gebets-Apparatur" wurde von westlichen Betrachtern häufig als Gerät, welches das persönliche Beten bequem ersetze, missverstanden. Eine Gebetsmühle dient eher als Gebets-Multiplikator. Es handelt sich um einen mit Symbolen und meist dem Mani-Mantra (OM MANI PADME HUM) geschmückten Zylinder, der mit möglichst vielen gesegneten Papierröllchen gefüllt ist, auf denen Mantren und Gebete geschrieben stehen. Diese werden rechtsdrehend um eine Achse in Rotation versetzt, damit sich die heiligen Schwingungen in alle Richtungen zentrifugal ausbreiten. Da ein einzelner Mund nur begrenzt Mantren sprechen kann, vervielfältigt sich mithilfe der Mühlen das Heilsame. Es zählt die Motivation, mit der man sie in Bewegung setzt. Aber selbst wenn ein Affe aus Jokus daran dreht, kommen ihm dadurch heilfördernde Potentiale zugute. An Pilgerorten, in der Landschaft, an Tempeln und deren Umwandlungsgänge säumend und auch als Wasserräder finden sich in Tibet Gebetsmühlen in allen Größen. Die monumentalsten muss man mit der Kraft des ganzen Körpers in Gang setzen, kleine Modelle trägt man an einem Stab in der Hand bei sich und nutzt dabei die Zeit effektiv für die Vermehrung guter Schwingungen. Tatsächlich bereitet das Drehen der Gebetsmühlen Vergnügen, das auf heitere Weise dem transzendenten Glück dient.

Es gäbe noch einige Gebets-Utensilien des tantrischen Buddhismus anzuführen, die Damaru- und die Chöd-Trommeln sowie das für das „innere Opfer" verwendete Gestell aus einem Dreibein-Ständer mit Schädelschalen-Gefäß, aber die Erklärungen zu deren spezieller Verwendung in Gebeten lassen sich nicht knapp fassen. Es muss an dieser Stelle genügen, sie genannt zu haben.

Texte

Beispieltext des „Siebenteiligen Gebets"

Zu Buddha, zum Dharma und zur höchsten Gemeinschaft nehme ich Zuflucht bis zur Erleuchtung.
Möge ich durch die Verdienste aus Geben, den anderen Tugenden und aus Einsicht
zum Nutzen aller Lebewesen Erleuchtung erlangen. (3x)
Namo gurubhyah

Namo buddhaya

Namo dharmaya

Namo sanghaya (3x)

Alle Buddhas der drei Zeiten, den Dharma und die höchste Gemeinschaft verehre ich, und mit Körpern so zahlreich wie die Atome des Alls verneige ich mich vor euch.

So wie Manjushri und all die anderen Bodhisattvas

den Siegern Gaben darbrachten,

so will auch ich den Tathagatas, den Beschützern, und ihren geistigen Erben Gaben darbringen.

Seit anfangsloser Zeit habe ich im Daseinskreislauf,

in diesem wie in anderen Leben,

aus Verblendung falsch gehandelt,

und andere zu solchem Handeln angestiftet.

Überwältigt von Verwirrung und Irrtum,

habe ich genossen, was ich Schlechtes tat.

Diese Fehler einsehend, will ich sie vor euch Beschützern aus der Tiefe meines Herzens bekennen.

An dem Ozean des Glücks, der aus dem Erleuchtungsgeist entsteht, und Heil für die fühlenden Wesen bewirkt, und an allen Taten, die ihnen Nutzen bringen, erfreue ich mich zutiefst.

Mit gefalteten Händen bitte ich

die Buddhas in allen Himmelsrichtungen,

für die Wesen in Dunkelheit und Leid das Licht des Dharma scheinen zu lassen.

Mit gefalteten Händen bitte ich

die Sieger, die beabsichtigen, ins Nirvana einzugehen,

uns nicht hier in Blindheit zurück zu lassen,
sondern für zahllose Zeitalter zu verweilen.
Möge durch die guten Potentiale,
die ich hier durch all dieses Tun angesammelt
habe,
das gesamte Leid aller fühlenden Wesen
bereinigt werden.

(Eigenübersetzung aus dem Tibetischen)

Karaniya Metta-Sutta (Sutta-Nipata, I, 8)
Sutta über die Liebe als Aufgabe

Wer geschickt darin ist, das Gute zu tun,
und sich danach sehnt, in die Fußstapfen des Friedens zu treten,
der sollte fähig sein, aufrecht sein, vollkommen ge-
radlinig,
zugänglich, freundlich und ohne Einbildung,
leicht zufrieden zu stellen, leicht zu ertragen,
nicht vielgeschäftig, anspruchslos,
mit befriedeten Sinnen, intelligent,
nicht begierig danach, in den besten Kreisen zu
verkehren.
Er sollte nicht die geringste schlechte Handlung
begehen,
für die ihn Weise tadeln würden.
Mögen Wohlstand und Sicherheit herrschen,
mögen alle Wesen glücklich sein!
Welche Lebewesen es auch gibt,
die schwachen, die starken, restlos alle,
kleine oder große,
mittlere, kurze, feine oder grobe,

die man sieht und die man nicht sieht,
und welche nah oder auch ferne weilen,
welche geboren sind oder entstehen werden,
mögen sie alle glücklich sein!
Nicht soll man sich gegenseitig hintergehen,
und auch nicht, wegen was auch immer, irgend-
wen verachten.
Nicht in Zorn noch böser Absicht
wünsche man anderen ein Leid.
So wie eine Mutter ihr einziges Kind
ohne Rücksicht auf ihr eigenes Leben schützt,
so gegenüber allen Wesen
entwickle einen grenzenlosen Geist.
Grenzenlose Liebe für die ganze Welt,
entwickle man in seinem Geist;
Nach oben, unten, in die Mitte,
frei von Feindschaft, Hass und Engherzigkeit.
Ob man steht, geht, sitzt oder liegt,
solange man wach ist,
sollte man diesen Geisteszustand aufrecht erhalten
– das nennt man „im göttlichen Brahma-Zustand
verweilen".
Nicht falschen Ansichten folgend,
tugendhaft, und mit Einsicht versehen;
überwunden habend, sich von Sehnsüchten leiten
zu lassen;
nicht, sagt man, kehrt man so in einen Mutter-
schoß zurück.

(Eigenübersetzung aus dem Pali)

Das Herz-Sutra
Sutra des Herzens der Vollkommenheit der Weisheit

Om, Verehrung der erhabenen, edlen Weisheit, die hinüberging zum jenseitigen Ufer.

So habe ich gehört: Zu einer Gelegenheit weilte der Erhabene in Rajagpha auf dem Geiergipfel-Berg zusammen mit einer großen Mönchsgemeinde. Zu dieser Gelegenheit ließ sich der Erhabene wieder einmal in Meditation über die „tiefgründiges Erscheinen" heißende Dharma-Formel nieder.

Und der Bodhisattva, das große Wesen, der edle Avalokitesvara, beschäftigte sich mit der Ausübung der tiefgründigen Vollkommenheit der Weisheit und nahm wahr: Die fünf Skandhas. Und nahm bei ihnen die Leerheit von Eigenexistenz wahr.

Da sprach, angeregt durch Buddha, der edle Sariputra den Bodhisattva, das große Wesen, den edlen Avalokitesvara, an: „Wenn irgendein Sohn oder irgendeine Tochter aus edler Familie die Ausübung der tiefgründigen Vollkommenheit der Weisheit auszuführen wünscht, was ist zu lernen?"

So angesprochen sagte der Bodhisattva, das große Wesen, der edle Avalokitesvara zum ehrwürdigen Sariputra folgendes: „Wenn, Sariputra, ein Sohn oder eine Tochter aus edler Familie die Ausübung der tiefgründigen Weisheit auszuführen wünscht, so ist in dieser Weise zu betrachten: Nun, Sariputra, Form ist Leerheit, gleichwie Leerheit Form ist;

Leerheit ist nicht verschieden von Form. Was Form ist, ist Leerheit, was Leerheit ist, das ist Form. So ist es auch mit Empfindung, Wahrnehmung, karmischen Anlagen und Bewusstsein. Nun, Sariputra, alle Phänomene sind von Leerheit gekennzeichnet, nicht entstanden, unbehindert, fleckenlos, nicht unbefleckt, vollständig, nicht rundum voll.

Daher, Sariputra, gibt es in der Leerheit keine Form, keine Empfindung, keine Wahrnehmung, keine karmischen Bildekräfte, kein Bewusstsein, kein Auge, Ohr, Nase, Zunge, Körper, Denken, keine Gestalt, Klang, Geruch, Geschmack, nichts zum Ertasten, kein Dharma. Nicht gibt es einen Bereich des Sehens, einen Bereich des Denkens, einen Bereich des Dharmas, noch einen Bereich des Denkbewusstseins. Nicht gibt es Unwissenheit, Überwinden von Unwissenheit, nicht Schwinden, genauso wie es Altern und Tod nicht gibt, einen Pfad zur Vernichtung des Entstehens von Leiden nicht, Erkenntnis nicht und weder Erlangen. noch Nicht-Erlangen.

Daher, Sariputra, weil es kein Nicht-Erlangen gibt, stützt man sich auf die Vollkommenheit der Weisheit der Bodhisattvas und verweilt darin als jemand mit bedecktem Bewusstsein. Indem die Bedeckung nicht bestehen bleibt, wird man furchtlos; man hat den Umkehrpunkt überschritten, befindet sich in Nirvana.

Alle Buddhas, die in den drei Zeiten erscheinen, stützten sich auf die Vollkommenheit der Weisheit und sind zur vollkommenen Erleuchtung vollständig erwacht. Daher ist zu wissen: die Vollkommenheit der Weisheit ist ein großes Mantra, ein großes Erkenntnis-Mantra, ein unübertroffenes Mantra, ein dem Ungleichen gleiches Mantra, das alle Leiden befriedet. Es ist die Wahrheit, weil es nicht verkehrt ist. In der Vollkommenheit der Weisheit wird ein Mantra genannt, das da lautet: gate gate paragate parasamgate bodhi svaha

Sariputra, indem er so die Vollkommenheit der Weisheit ausübt, soll der Bodhisattva sich schulen.“

Zu dieser Zeit erhob sich der Erhabene aus der Meditation und lobte den Bodhisattva, das große Wesen, den edlen Avalokitesvara. „Sehr gut, sehr gut, edler Sohn, genauso ist es, edler Sohn. Genauso ist die Ausübung der Vollkommenheit der Weisheit auszuführen; so wie es von Dir gelehrt wird, heißen es die Tathagatas und Arhats gut.“ So sprach der Erhabene, und der überwältigte Sariputra und der Bodhisattva, das große Wesen, der edle Avalokitesvara, die Mönche, die großen Wesen, die Bodhisattvas, und die Gesamtheit an Göttern, Menschen, Asuras, Garudas, alle freuten sich.

(Eigenübersetzung aus dem Sanskrit)

Resümee

Theravada, Zen-Buddhismus, und die Reine-Land-Schule Amitabhas wurden in diesem Artikel hinsichtlich ihres Gebets-Brauchtums sicherlich zu wenig berücksichtigt, da sich die Autorin mit dem tibetischen Buddhismus schlichtweg am besten auskennt. Grundsätzlich trifft für alle Traditionen zu, dass die fixierten Formen der Gebete Menschen auf unterschiedlichem Niveau einen Nutzen bringen sollen.

Der einfache Gläubige hat Respekt vor dem Heiligen, auch wenn er die komplexe Philosophie nicht studieren will. Er verehrt die Ordinierten, die er im Idealfall als Ratgeber, Priester und Bewahrer der Schriften wertschätzt und deren gelebte Absage an weltliche Ziele ihn selbst an das Höhere erinnert, weshalb z. B. in Thailand es den Brauch einer Ordination auf Zeit gibt. Allen steht es offen, durch intensive Praxis tieferes Verständnis zu entwickeln.

Das kollektive Gebet schafft Gemeinschaft, aber auch das private Gebet hilft, die eigene Begrenztheit zu überwinden und den inneren Raum zu erweitern. Einerseits gibt es ausgefeilte Vorschriften für Gebets-Utensilien, Haltung und Rituale, andererseits steht es einem frei, diese zu verändern und zu vereinfachen, solange der Sinn nicht entstellt wird. Es gilt sogar als falsche Ansicht, äußere Rituale und deren Reinheitsvorschriften etc. für das Absolute zu halten. Gebete sind ein Mittel auf dem Pfad zur Erleuchtung, aber nicht das wichtigste. Wie es S. H. Dalai Lama ausdrückt: „Handeln ist besser als beten!"

2.6 Gebet im Bahá'ítum

Peter Amsler

> *Selig der Ort und das Haus und der Platz und die Stadt und das Herz und der Berg und das Obdach und die Höhle und das Tal und das Land und das Meer und die Insel und die Au, wo Gottes gedacht und Sein Lob gepriesen wird.*
>
> *Bahá'u'lláh*

Wenn Bahá'í beten, halten sie „Zwiesprache mit Gott".[1] Das Gebet ist ihnen die „eigentliche Grundlage" ihrer Religion und „die Ursache geistigen Lebens"[2] schlechthin. Dies verbindet sie mit den Anhängern aller übrigen Religionen. Indem der Gläubige sich im Gebet Gott mit reinem Herzen zuwendet und Ihn[3] zu erkennen sucht, erfüllt er den Zweck seines irdischen Seins. Darüber hinaus inspiriert das Beten den Menschen zur Tat. Andacht und Dienst stehen in einer Wechselwirkung. Dies gilt für den Einzelnen wie für die

---

1 Zit. nach 'Abdu'l-Bahá, in: Star of the West, Band 8/4, S. 41.

2 Zit. nach 'Abdu'l-Bahá, in: Adib Taherzadeh, Die Offenbarung Bahá-'u'lláhs. 'Akká, die ersten Jahre 1868–77 (Band 3), Hofheim-Langenhain: S. 415. Vgl. dort die weiteren Angaben.

3 Der Begriff Gott ist eine Chiffre für eine höhere Schöpfermacht, die dem letztgültigen Verstehen des Menschen unerschlossen bleibt. Alles Denken und Reden über Gott ist menschlich und damit unvollkommen. Allein die Prophetengestalten der Hochreligionen, die „Manifestationen Gottes", können Auskunft über die Wesenheit Gottes geben, so Bahá'u'lláh, der Stifter der Bahá'í. Aber selbst in ihren Heiligen Schriften erfolgt die Rede über Gott nur in einer dem Zeit- und Ortsverständnis angepassten Sprache. Insofern sind die Fragen, ob Gott eher einem Vater oder einer Mutter gleicht, ob er besser Gott, Allah, Jahwe oder Manitu genannt werden sollte, für den Glauben eines Bahá'í unerheblich. Das grammatikalische Geschlecht soll allein als Ergebnis menschlicher Konvention verstanden werden.

Gemeinschaft. Auch dieses Konzept teilen die Bahá'í mit vielen weiteren Religionen.[4] Die Bahá'í kennen das gebundene Ritualgebet genauso wie das Gebet des Gläubigen zu verschiedenen Anlässen. Lob-, Dank- und Bittgebete prägen neben dem täglichen rituellen Pflichtgebet das geistige Leben eines Bahá'í.

Die täglichen Pflichtgebete

Im kurzen täglichen Pflichtgebet (arab. ṣalāt) spricht der Betende: *„Ich bezeuge, o mein Gott, dass Du mich erschaffen hast, Dich zu erkennen und anzubeten.“* In diesem Gebet bezeugt er die Macht Gottes und Seinen Reichtum, um vice versa die eigene Ohnmacht und Armut zu bekennen. *„Ich bezeuge in diesem Augenblick meine Ohnmacht und Deine Macht, meine Armut und Deinen Reichtum.“* Bereits dieses kurze Pflichtgebet eröffnet eine Spanne geistiger Welten, die der Betende sein Leben lang und darüber hinaus Stufe um Stufe zu durchschreiten sucht. Mit dem Bezeugen seines Daseinzwecks und seiner demütigen Stellung im Angesicht Gottes beginnt der Mensch im Gebet einen geistigen Pfad zu beschreiten. Dieser führt ihn aus dem materiell Bedingten ins geistig Freie. Es ist eine „Leiter zum Aufstieg“ und „in ihm sind unzählige Wirkungen und Gunstbezeigungen verborgen. In der Tat, es sind mehr, als man je zählen kann.“[5] Das Ziel seiner Reise wird Der sein, den

---

4   Erinnert sei an die Polarität von *bíos praktikós* und *bíos theōrētikós* aus der griechischen Philosophie und an den Grundsatz *ora et labora* aus der benediktinischen Tradition des christlichen Mittelalters.

5   Zit. nach Bahá'u'lláh, in: Die Bedeutung von Pflichtgebet und Fasten. Eine Auswahl von Texten und Gebeten, zusammengestellt von der Forschungsabteilung des Universalen Hauses der Gerechtigkeit, Hofheim-Langenhain 2013: S. 4.

der Gläubige am Ende dieses kurzen Textes direkt anspricht und mit Attributen zu beschreiben versucht, indem er bekennt: *Es gibt keinen Gott außer Dir, dem Helfer in Gefahr, dem Selbstbestehenden.*

Das kurze Pflichtgebet

> *Ich bezeuge, o mein Gott, dass Du mich erschaffen hast, Dich zu erkennen und anzubeten. Ich bezeuge in diesem Augenblick meine Ohnmacht und Deine Macht, meine Armut und Deinen Reichtum. Es gibt keinen Gott außer Dir, dem Helfer in Gefahr, dem Selbstbestehenden.*
>
> *Bahá'u'lláh*

Der Text dieses rituellen Pflichtgebets wurde um das Jahr 1873 in 'Akká im heutigen Israel durch Bahá'u'lláh (1817–1892) offenbart. Nach dem Glauben der Bahá'í ist Er nicht nur der Stifter ihrer eigenen Religion, sondern auch der Verheißene aller ihrer Vorgängerreligionen.[6] Im

---

6 Den Bahá'í mit einem christlichen Hintergrund ist Er der in Johannes 16, 12–14 verheißene „Geist der Wahrheit", die Wiederkehr Christi, der wie ein „Dieb in der Nacht" „zu einer Stunde kommt, in der ihr es nicht erwartet." Vgl. dazu Matthäus 24, 42–44 sowie Lukas 12, 39–40. Bahá'í mit jüdischem Hintergrund ist Er der vom Propheten Jesaja verheißene „Herr der Heerscharen". Bahá'í mit schiitischen Hintergrund können den Báb, den Vorläufer Bahá'u'lláhs, als den insbesondere im schiitischen Islam erwarteten *Mahdi* und jenen Punkt annehmen, der das prophetische vom erfüllenden Zeitalter scheidet, ehemalige Hindus sehen in Bahá'u'lláh den *Zehnten Avatara*, ehemalige Buddhisten den *Buddha-Maitreya*. Diese unterschiedlichen religiösen und kulturellen Zugänge zur Person Bahá'u'lláhs versinnbildlichen die geistigen Zusammenhänge des Bahá'í-Konzepts der „Fortschreitenden Gottesoffenbarung", wonach es nur einen Gott gibt, der mit der Menschheit einen Bund geschlossen hat und sich entsprechend immer wieder neu kontextgebunden in den Stiftergestalten offenbart. Bahá'í sind aufgerufen,

Kitáb-i-Aqdas, Seinem „Heiligsten Buch", welches Er im Jahr 1890/91, also gegen Ende Seines Lebens, in Bombay drucken ließ, stellte Bahá'u'lláh es den Gläubigen frei, eines von insgesamt drei Pflichtgebeten zum täglichen Sprechen auszuwählen.

Zur Wahl stehen das obige kurze Pflichtgebet, das zwischen Mittag und Sonnenuntergang gebetet werden soll, das mittlere Pflichtgebet, das drei Mal am Tag, morgens, mittags und abends, gebeten werden soll sowie das lange Pflichtgebet, das einmal in vierundzwanzig Stunden zu sprechen ist. Zu den beiden letzten Pflichtgebeten gebietet Bahá'u'lláh einen festgelegten Ablauf bestimmter Gebetshaltungen, die aus Aufrechtstehen, Niederbeugen und Niederwerfen des ganzen Körpers bestehen.[7] Allen drei Pflichtgebeten voraus gehen rituelle Waschungen, der Rückzug ins Private sowie eine Besinnung auf den „Punkt der Anbetung", also die geografische Ausrichtung auf den Schrein Bahá'u'lláhs im Norden der Bucht von Haifa im heutigen Israel. Der Schrein gibt die Gebetsrichtung (Qi'blih) vor.

Allen Bahá'í ab dem 15. Lebensjahr ist es auferlegt, eines der drei rituellen Gebete täglich zu sprechen. Der Kitáb-i-Aqdas sieht in bestimmten Fällen Ersatzverse und Befreiungen vor, so auf Reisen, während der Regelblutung, in Zeiten der Gefahr, bei Krankheit und dergleichen. Im Islam, auf dessen Nährboden die Religion der Bahá'í offenbart wurde, ist es üblich, die ṣalāt in Versammlungen zu spre-

---

zwischen den Stiftergestalten keine Rangunterschiede zu machen, da sie Ihre Inspiration aus der gleichen göttlichen Quelle erhielten. Unterschiede sind allein den verschiedenen Verständnishorizonten der Menschen zu den jeweiligen Zeiten und geografischen Räumen geschuldet.

7   Die Prostration kennen auch andere Religionen, so der Islam während des Gemeinschaftsgebets, der Buddhismus oder die katholische Kirche bei Erteilung der Weihen.

chen. Bahá'u'lláh hat diese Form des Gemeinschaftsgebets jedoch verboten. In den rituellen Gebeten soll der Betende nicht die Gemeinschaft mit anderen suchen, sondern allein die mit seinem Schöpfer. Es fragt auch niemand, ob sich ein Gläubiger dieser heiligen Pflicht widmet. Entscheidend ist die eigenverantwortliche, vom Zugriff anderer unabhängige Pflege der persönlichen Beziehung zwischen dem Geschöpf und seinem Schöpfer. 'Abdu'l-Bahá (1844–1921) – Bahá'u'lláhs Sohn, Oberhaupt der Gemeinde nach Seinem Hinscheiden und autoritativer Ausleger Seiner Schriften – schrieb denn auch: Durch diese Gebete „pflegt der Mensch Gemeinschaft mit Gott, sucht Ihm nahe zu kommen, hält Zwiesprache mit dem wahren Geliebten seines Herzens und erreicht geistige Stufen."[8]

Aus dem mittleren Pflichtgebet:

Wer zu beten wünscht, wasche seine Hände und spreche beim Waschen:

Stärke meine Hand, o mein Gott, und lass sie Dein Buch mit solcher Standhaftigkeit ergreifen, dass die Scharen der Welt keine Macht über sie haben. Schütze sie sodann, damit sie sich nicht mit Dingen befasst, die ihr nicht zustehen.

Du bist wahrlich der Allmächtige, der Allgewaltige.

Und beim Waschen des Gesichtes spreche er:

---

8   zit. nach 'Abdu'l-Bahá, in: Bahá'u'lláh, Kitáb-i-Aqdas. Das Heiligste Buch, Hofheim-Langenhain: S. 186 f. (Erläuterung Nr. 3).

*Dir wende ich mein Angesicht zu, o mein Herr!
Erleuchte es mit dem Licht Deines Antlitzes. Be-
wahre es sodann, damit es sich niemandem außer
Dir zuwende.*

*Dann erhebe er sich und spreche der Qi'blih (Ge-
betsrichtung nach Bahjí, 'Akká) zugewandt:*

*Gott bezeugt, dass es keinen Gott gibt außer Ihm.
Sein sind die Reiche der Offenbarung und der
Schöpfung. Er hat wahrlich Ihn enthüllt, der der
Morgen der Offenbarung ist, der auf dem Sinai
redete, durch den der Höchste Horizont erstrahlte
und der Lotosbaum sprach, über den hinaus kei-
ner gehen kann, und durch den der Ruf verkündet
ward an alle, die im Himmel und auf Erden sind:
„Sehet, der Allbesitzende ist gekommen! Erde und
Himmel, Ruhm und Herrschaft sind Gottes, des
Herrn aller Menschen, des Besitzers des Thrones in
der Höhe und auf der Erde hienieden!*

Bahá'u'lláh

Das innige Gebet eröffnet Räume für Transzendenzerfah-
rungen. Insbesondere den Pflichtgebeten werden geistige
Kräfte zugesprochen: „Ein jedes Wort und jede Haltung
des Pflichtgebets birgt Anspielungen, Geheimnisse und
eine Weisheit, die der Mensch nicht begreifen kann und
Buchstaben und Schriftrollen nicht zu fassen vermögen",
kommentiert 'Abdu'l-Bahá.[9] Und Sein Enkel und Nachfolger Shoghi Effendi (1897–1957) schrieb wiederum: „Die
täglichen Pflichtgebete (…) wurden von Bahá'u'lláh mit

---

9   Zit. nach 'Abdu'l-Bahá, in: Bahá'u'lláh, Kitáb-i-Aqdas, a. a. O., S. 187 f.

besonderer Wirkkraft und Bedeutung versehen. So sollten sie verstanden werden. Die Gläubigen sollten sie mit dem unbedingten Glauben und Vertrauen lesen, dass sie durch diese Gebete in viel engere Verbindung mit Gott treten und sich noch mehr mit Seinen Gesetzen und Geboten identifizieren können.“

Wenn weiter oben geschrieben wurde, dass es in der Bahá'í-Religion keine rituellen Gemeinschaftsgebete gebe, dann stimmt diese Aussage nur dann, wenn man eine Ausnahme zugesteht: das Totengebet. Ist der Tote ein gläubiger Bahá'í über 15 Jahre, so muss das Totengebet gesprochen werden. Das Totengebet wird von einem Gläubigen gelesen, während alle Anwesenden dabeistehen; trotzdem gilt es als rituelles Versammlungsgebet. Bei diesem Gebet ist es nicht erforderlich, sich der Qi'blih zuzuwenden. Es kann zu einem beliebigen Zeitpunkt zwischen dem Ableben und der Beisetzung gesprochen werden. Gebete für Verstorbene haben insofern für Bahá'í eine Bedeutung, da sie häufig Bittgebete für das Voranschreiten der Verstorbenen in der geistigen Welt sind. Umgekehrt ist den Bahá'í einsichtig, dass auch die Verstorbenen für ihre Hinterbliebenen beten.

Das Totengebet:

O mein Gott! Dies ist Dein Diener und Deines Dieners Sohn, der an Dich und Deine Zeichen glaubt und Dir sein Angesicht zuwendet, völlig losgelöst von allem außer Dir. Du bist wahrlich der Barmherzigste aller Barmherzigen.

O Du, der Du den Menschen die Sünden vergibst und ihre Fehler verbirgst, verfahre mit ihm, wie es dem Himmel Deiner Freigebigkeit und dem

Meere Deiner Gnade entspricht. Nimm ihn auf
in das Reich Deines allüberragenden Erbarmens,
das der Erschaffung von Erde und Himmel voran-
ging. Es gibt keinen Gott außer Dir, dem Immer-
vergebenden, dem Großmütigsten.

Der Betende wiederhole sodann sechsmal die An-
rufung Alláh'u'Abhá und alsdann jeden der fol-
genden Verse neunzehnmal:

Wahrlich, wir alle beten zu Gott.
Wahrlich, wir alle beugen uns vor Gott.
Wahrlich, wir alle sind demütig vor Gott.
Wahrlich, wir alle lobpreisen Gott.
Wahrlich, wir alle danken Gott.
Wahrlich, wir alle sind geduldig in Gott.

(Ist der Tote eine Frau, so sage der Betende: Dies
ist Deine Magd und die Tochter Deiner Magd ...)

Bahá'u'lláh

Weitere Gebete mit besonderer Wirkkraft

Die Bahá'í kennen keine frei gesprochenen Gebete. Ihre
Gebetstexte stammen sämtlich aus der Feder des Báb,
Bahá'u'lláhs und 'Abdu'l-Bahás. Nach ihrem Verständnis
können menschliche Worte niemals die Erhabenheit Gottes
erreichen, denn ihnen fehlt der unmittelbare Zugang zu den
geistigen Welten. Gewiss schreiben und sprechen Gläubige
eigene Gedichte oder Sentenzen, die auf künstlerische Art
subjektive Stimmungen auf dem Pfad des Lebens zu Gott
Ausdruck verleihen und göttlich inspiriert sind. Niemand
käme aber auf die Idee, diese eigenen Texte als Ersatz für

Bahá'í-Gebete zu verwenden. Charismatisches Beten – erst recht in der Öffentlichkeit – ist den Bahá'í zutiefst fremd.

Insofern kommt dem Gebot Bahá'u'lláhs, einmal am Tag 95 Mal den „Größten Namen" zu rezitieren eine besondere Bedeutung zu.[10] „Jedem, der an Gott (...) glaubt, ist geboten, (...) täglich fünfundneunzig Mal *Alláh-u-Abhá* zu sprechen", verfügte Bahá'u'lláh im Heiligsten Buch der Bahá'í. Diese kurze Anrufung Gottes – sie bedeutet *Gott, der Allherrliche* – eröffnet dem Gläubigen die Möglichkeit, während des Rezitierens oder Singens sehr viel mehr Eigenes in die Worte zu legen als es beispielsweise die innere Dramaturgie der Pflichtgebete erlaubt. Gerade die Einförmigkeit des über Minuten vielmals gesprochenen Verses *Alláh-u-Abhá* ermöglicht das Erleben persönlicher Evidenz von Gottes Gegenwart, wobei jeder Gläubige gewiss seinen eigenen Imaginationen folgt. Bemerkenswert ist, dass die einschlägigen Bahá'í-Schriften diese Wirkung des Gebets besonders hervorheben. Die heutzutage in modernen Meditationskursen häufig anzutreffenden und viel pragmatischer daherkommenden Effekte der Versenkung wie die Steigerung der Konzentrationsfähigkeit, der Achtsamkeit usw. spielen nur eine untergeordnete Rolle. So schreibt 'Abdu'l-Bahá erst ganz am Ende einer längeren Passage: „Überdies macht Beten und Fasten wachsam und achtsam und führt zu Schutz und Bewahrung vor Prüfungen."[11]

---

10 Auch dem Sprechen des „Größten Namens" gehen Waschungen voraus. Gläubigen ist es jedoch gestattet, das Rezitieren mit dem Sprechen des Pflichtgebetes zu verbinden, sodass nur eine Waschung erforderlich ist.

11 Zit. nach 'Abdu'l-Bahá, in: Die Bedeutung von Pflichtgebet und Fasten, a. a. O., S. 12.

Aus den Bahá'í-Schriften:

Versenkt euch in das Meer Meiner Worte, damit ihr seine Geheimnisse ergründen und alle Perlen der Weisheit entdecken möget, die in seinen Tiefen verborgen liegen.

Bahá'u'lláh

Die mystische Wirkung des Gebets ist vielmehr zu sehen in der generellen Wirkung der Offenbarung, denn die Bahá'í-Religion ist eine Offenbarungsreligion. Ihre heiligen Schriften entstammen den Ausgießungen des Heiligen Geistes. Dabei ist das Wort Gottes für die Bahá'í die mächtigste Form göttlicher Schöpfung. Jedes geoffenbarte Wort, jeder Buchstabe gleicht einem Spiegel, der die Eigenschaften göttlicher Wirklichkeit widerstrahlt. In einem der wirkmächtigen Gebete 'Abdu'l-Bahás, dem *Tablet der Begegnung*, bekräftigt der Betende: *„Ich bezeuge ferner, dass durch eine einzige Bewegung Deiner Feder Dein Gebot „Sei" in Kraft gesetzt, Gottes verborgenes Geheimnis enthüllt, alles Erschaffene ins Sein gerufen und alle Offenbarungen herabgesandt wurden.[12]* Dieses Gebet wird vor allem am Schrein 'Abdu'l-Bahás am Fuße des Berges Karmel in Haifa, Israel, gebetet, aber auch als privates Gebet genutzt. „Wer immer dieses Gebet demütig und inbrünstig spricht, wird das Herz

---

12 Zit. nach 'Abdu'l-Bahá, Munájátu'l-Liqá'. Gebet der Begegnung, in: Bahá'í-Gebete, Hofheim-Langenhain 2007: S. 384 f. Im Prolog zum Johannes-Evangelium heißt es ebenfalls: „Im Anfang war das Wort, und das Wort war bei Gott, und das Wort war Gott. Im Anfang war es bei Gott. Alles ist durch das Wort geworden, und ohne das Wort wurde nichts, was geworden ist." Auch im Heiligen Koran wird dargelegt, dass Gott das gesamte Universum durch die Äußerung des einen Wortes „Sei" ins Leben rief.

dieses Dieners mit Freude und Glück erfüllen: Es wird sein, als begegne er Ihm von Angesicht zu Angesicht", heißt es zu Beginn des Textes. Weitere Gebete mit besonderer Wirkkraft sind unter anderen das *Besuchstablet,* das *Heilungsgebet,* die *Tafel vom Feuer* oder die *Tafel vom Heiligen Seefahrer.* Vor allem das *Tablet an Ahmad* und das kurze Schutzgebet des Báb – *„Gibt es einen Befreier von Schwierigkeiten außer Gott? Sprich: Gelobt sei Gott! Er ist Gott! Alle sind Seine Diener, und alle stehen durch Sein Gebot"* –, das auch mantrenartig gesprochen werden kann, sind Bestandteil der spirituellen Praxis vieler Bahá'í.

Auszug aus der Tafel an Ahmad:

> *[...] O Ahmad! Vergiss Meine Gnadengaben nicht, während ich ferne bin. Gedenke Meiner Tage in deinen Tagen und Meiner Not und Verbannung in diesem entlegenen Kerker. Und sei so standhaft in Meiner Liebe, dass dein Herz nimmer wanke, selbst wenn der Schwerterregen der Feinde auf dich prasselt und die Himmel alle und die Erde wider dich aufstehen.*

> *Sei wie eine Feuerflamme für Meine Feinde und ein Strom ewigen Lebens für Meine Geliebten, und zähle nicht zu den Zweiflern.*

> *Und wenn Kummer dich befällt auf Meinem Pfade oder Erniedrigung um Meinetwillen, so sorge dich nicht.*

> *[...] Lerne dieses Tablet gut, o Ahmad. Singe es in deinen Tagen und enthalte dich dessen nicht, denn Gott hat wahrlich dem, der es singt, den Lohn für*

hundert Märtyrer und einen Dienst in beiden Welten bestimmt. Diese Gnaden haben Wir dir erwiesen als Zeichen Unserer Güte und des Erbarmens aus Unserer Gegenwart, damit du zu denen gehörst, die dankbar sind.

Bei Gott! Sollte jemand, der bedrängt oder bekümmert ist, dieses Tablet aufrichtigen Herzens lesen, so wird Gott seinen Kummer vertreiben, seine Schwierigkeiten lösen und seine Bedrängnis hinwegtun.

Wahrlich, Er ist der Barmherzige, der Mitleidvolle. Preis sei Gott, dem Herrn aller Welten!

Bahá'u'lláh

Stammt der Sinngehalt des offenbarten Wortes von Gott selbst, so erhält es konkrete Gestalt durch die Feder Seiner Manifestationen. Für die heutige Zeit ist dies nach dem Glauben der Bahá'í Bahá'u'lláh.[13] Das Wort Gottes besitzt mithin einen inneren Geist und eine äußere Form. Während der innere Geist unbegrenzt ist und die Fassungskraft des Menschen übersteigt, materialisiert sich die

---

13 Die Einformung des Heiligen Geistes durch die offenbarten Laute, Buchstaben, Worte und Sätze ist notwendig, um den Verstehensmöglichkeiten der Menschen, an die die Ausgießungen der Offenbarung gerichtet sind, zu ihrer Zeit und in ihrem Raum gerecht zu werden. Gleichzeitig führt diese Einformung zu mannigfaltigen Schwierigkeiten und Missverständnissen, da den Menschen je verschiedene Möglichkeiten und Fähigkeiten des Verstehens zu Eigen sind. Folglich urteilt Adib Taherzadeh: *„Der Mensch kann das Wesen der heiligen Verbindung zwischen Gott und Seiner Manifestation nicht verstehen (...). Worte [sind] unzulängliche Werkzeuge für den Ausdruck geistiger Wirklichkeit."* Zit. nach Adib Taherzadeh, Die Offenbarung Bahá'u'lláhs. Baghdád 1853-63 (Band 1), Hofheim-Langenhain: S. 41.

Form in bestimmten Zeit- und Raumumständen. So sind die Offenbarungssprachen der Bahá'í-Religion ein gehobenes, gebildetes Persisch und Arabisch. „Die Persönlichkeit Bahá'u'lláhs, der Stil Seiner Schriften, das Besondere der persischen Sprache, die Sprachbilder und Sprichwörter, die Geschichten, die Er über Seine Zeitgenossen erzählt, über ihr Leben in Persien und in den Ländern, in die Er verbannt wurde – all dies trug zur Form des offenbarten Wortes dieser Sendung bei."[14] Dies gilt es bei einer ersten Lesung der Bahá'í-Gebete zu berücksichtigen. Immer wieder mal wird einzelnen Bahá'í gesagt, dass ihre Gebete sprachlich zu ausgeschmückt, zu blumenhaft, gar zu süßlich seien. Ein unverstelltes Einlassen auf ihren geistigen Gehalt sollte diese Eigentümlichkeiten jedoch als nur bedingt ansehen. Auch stehen die Gebete nicht für sich alleine. Die Schriften Bahá'u'lláhs halten weitere Schritte vor, die dem Gläubigen ebenfalls für sein Voranschreiten auf seinem geistigen Pfad empfohlen werden: das 19-tägige Fasten im Laufe des Jahreskreises, das tägliche Lesen in den Heiligen Schriften – zumindest am Morgen und am Abend und selbst, wenn es nur ein Satz oder ein Wort sein sollte –, das tiefe Nachdenken und Meditieren über das Wort Gottes, das Weitertragen der Botschaft Gottes unter die Menschen, sofern es angemessen erscheint, das praktische Bemühen, das eigene Leben in Einklang mit den Maßstäben der Religion zu bringen.[15]

---

14 Zit. nach Adib Taherzadeh, Die Offenbarung Bahá'u'lláhs. Baghdád 1853–63, a. a. O.

15 Vgl. dazu: Sechs Schritte zum geistigen Wachstum. Botschaft des Universalen Hauses der Gerechtigkeit vom 1. September 1983. Mit einer Textzusammenstellung aus den Bahá'í-Schriften. Hrsg. vom Nationalen Geistigen Rat der Bahá'í in Deutschland, Hofheim-Langenhain 1990.

Besondere Bedeutung kommt dem selbstlosen Handeln für das Gemeinwohl zu. Andacht und Dienst stehen dabei in einem inneren Zusammenhang. Äußert sich der Glaube nicht in selbstlosen Taten, so bleibt auch das Gebet fruchtlos.

O Du gütiger Herr! Du hast die ganze Menschheit aus dem gleichen Stamm erschaffen. Du hast bestimmt, dass alle der gleichen Familie angehören. In Deiner heiligen Gegenwart sind alle Deine Diener, die ganze Menschheit findet Schutz in Deinem Heiligtum. Alle sind um Deinen Gabentisch versammelt; alle sind erleuchtet vom Lichte Deiner Vorsehung.

O Gott! Du bist gütig zu allen, Du sorgst für alle, Du beschützest alle, Du verleihst allen Leben. Du hast einen jeden mit Gaben und Fähigkeiten ausgestattet, und alle sind in das Meer Deines Erbarmens getaucht.

O Du gütiger Herr! Vereinige alle. Gib, dass die Religionen in Einklang kommen und vereinige die Völker, auf dass sie einander ansehen wie eine Familie und die ganze Erde wie eine Heimat. O dass sie doch in vollkommener Harmonie zusammenlebten!

O Gott! Erhebe das Banner der Einheit der Menschheit.

O Gott! Errichte den Größten Frieden.

Schmiede Du, o Gott, die Herzen zusammen.

O Du gütiger Vater, Gott! Erfreue unsere Herzen durch den Duft Deiner Liebe. Erhelle unsere Augen durch das Licht Deiner Führung. Erquicke unsere Ohren mit dem Wohlklang Deines Wortes und beschütze uns alle in der Feste Deiner Vorsehung.

Du bist der Mächtige und der Kraftvolle, Du bist der Vergebende und Du bist der, welcher die Mängel der ganzen Menschheit übersieht.

'Abdu'l-Bahá

3 Beobachtende Teilnahme

3.1.1 Heute ist der Tag Gottes – Beobachtung einer Muslimin während einer katholischen Messe

Feride Funda Gökçimen-Gençaslan

BISMILLAHIR-RAHMANIR-RAHIM
Im Namen des Herrn, des Barmherzigen und
Allgnädigen

Die Glocken läuten zum Abendgottesdienst. Noch 15 Minuten, bis der Pfarrer mit der Liturgie beginnt, und ich sehe, wie Gläubige aus allen Richtungen sich auf die Kirche zubewegen. Sie treffen sich auf den Treppen, an der Tür. Die, die sich kennen, begrüßen sich mit „Guten Abend" und beginnen ein Gespräch, andere grüßen mit einem Kopfnicken, einem Lächeln, einem Blick. Auch ich werde mit einem Kopfnicken und Lächeln begrüßt und mir wird die Tür aufgehalten. Ich bedanke mich und trete ein. Eine wohlige Kerzenlichtatmosphäre empfängt mich in der doch sehr kalten Kirche und schenkt so innere Wärme und das Gefühl von Willkommensein.

Die Bänke sind noch relativ leer, und von allen Seiten wird der Blick in die Mitte, zum Altar geführt, der hell erleuchtet und golden verziert ist. Man erkennt sofort, dass sich dort der Hauptraum der Kirche befindet. Mein Begleiter, der sich bereit erklärt hat, mir in diesem Gottesdienst Gesellschaft zu leisten und einige erklärende Worte zum Ablauf zu sprechen, ist jetzt auch angekommen. Ich greife mir noch ein Gesangbuch, und wir nehmen in einer der vorderen Reihen Platz.

Während er mir erklärt, dass es erst seit der Neuzeit Kirchenbänke gibt und die Gläubigen früher die ganze Zeit über gestanden haben, so wie sie auch heute noch an bestimmten Stellen des Gottesdienstes stehen, wird die Kirche immer voller. Menschen aller Altersgruppen und unterschiedlicher Herkunft, als Paare und in Familien sind anzutreffen. Bei den Muslimen ist es heutzutage so, dass sich Männer und Frauen trennen, wenn sie in die Moschee kommen. Sie vollziehen die Gebete und die Gottesandacht in heiligen Nächten beispielsweise getrennt voneinander, nicht aber in der Kaaba, vor dem Haus Gottes in Mekka.[1] Dort ist es nicht verboten, gemischt als Paar, Familie oder Gemeinschaft beieinander zu sein.

Die Gemeinschaft während der Gottesandacht gibt ein Gefühl von familiärer Unterstützung und mehr Wohlbefinden, wohingegen das isolierte Gedenken des allmächtigen Herrn mehr Ehrfurcht einflößt und ein tieferes Reflektieren auch über den eigenen Zustand und die eigene Position vor Gott ermöglicht und bewirkt. Sufis[2] ziehen es daher vor, sich in der Zeit vor der Morgendämmerung, wenn die meisten Menschen noch schlafen und alles Ablenkende vom Dunkel der Nacht verschleiert ist, ihrem Herrn intensiv zuzuwenden und Seiner zu gedenken.

Während ich gerade – angeregt durch eine Familie in der vorderen Bankreihe – über gemeinschaftliches und einsames Gottesgedenken reflektiere, tritt der Pfarrer vor den Altar, und der Gottesdienst beginnt.

---

1   Die Kaaba steht im Islam symbolisch für das Haus Gottes, das vom Propheten Abraham mit seinem Sohn Ismael nach Gottes Angaben erbaut wurde. Es gehört zu den Säulen, den Pflichten des Islam, dass ein Muslim einmal in seinem Leben die Kaaba im Rahmen der Hadjj-Reise (Pilgerritual) zu einem bestimmten Zeitpunkt im islamischen Jahr besucht.

2   Sufis sind Anhänger des Sufismus, der islamischen Mystik.

Mein Begleiter macht mich auf die vorn rechts oben aufgehängte Anzeigetafel aufmerksam. Diese gibt vor, welche Strophen aus welchem Lied des dicken Gesangbuches gesungen werden. Dennoch habe ich Schwierigkeiten, die richtigen Strophen zu singen und die Melodie zu treffen. Obwohl ich nicht unmusikalisch bin und wir in unserer Sufi-Gemeinschaft regelmäßig melodisches Dhikr[3] machen, habe ich doch Schwierigkeiten in die Lieder einzusteigen und gelassen mitzusingen. Ganz im Gegensatz zu den Gläubigen in der Kirche, die alle fröhlich im Stehen mitsingen.

Ich muss ehrlich gestehen, dass ich eine gewisse Schwere und tiefere Ehrfurcht im Raum erwartet habe, wie sie mir aus wenigen TV-Übertragungsszenen von Feiertagsgottesdiensten oder Filmen in Erinnerung sind. Doch die Atmosphäre und Stimmung heute in diesem Raum ist sehr leicht und gemütlich. Sie wäre noch viel gemütlicher, wenn es etwas wärmer in der Kirche wäre und man die Jacken ablegen könnte. Doch das Stehen, Setzen und wieder Aufstehen und die Liturgie am Altar zu verfolgen, lässt keinen Moment, um über die Raumtemperatur nachzudenken.

Während der Pfarrer am Altar die Weihung der Sakramente vollzieht und dabei, wie ich es auch vom eigenen Glauben her kenne, die Handinnenflächen nach oben zeigend, die Gebete spricht, fallen mir die Weihnachtsbäume im Hintergrund auf und irritieren mich ein wenig, da es bereits Ende Januar ist. Meine Verwunderung ist wohl meinem Begleiter aufgefallen. Er erklärt mir sogleich, dass die Weihnachtszeit bei den Katholiken bis zum 2. Februar andauert. Obwohl

---

3   Das Erinnern des Herrn im Rezitieren von Lobpreisungen, Seiner Schönen Namen und Attribute sowie Versen aus dem Koran.

mir die christliche Tradition und Kirche nicht fremd sind, lerne ich an diesem Abend vieles dazu, worüber ich noch nie nachgedacht habe.

Die Verse, die zum Teil auch mit der Gemeinde zusammen gesprochen werden, beinhalten die Bitte um Vergebung, Danksagungen und Lobpreisungen an Gott. Nichts anderes als das, was auch wir Muslime täglich bei den Pflichtgebeten sprechen. Die wenigen Stellen, an denen der Pfarrer die Dreifaltigkeit benennt, indem er vom Vater, Sohn und Heiligem Geist spricht, bringen mich nicht aus der kontemplativen Stimmung, in der ich innerlich in Worten meiner Tradition dem Gebet beistimme.

Nur ein kurzer Moment des spirituellen Stimmungsbruchs, den ich lieber am Endes des Gottesdienstes erfahren hätte, wird durch das Umherreichen des Spendenkorbes hervorgerufen, der auf einmal in allen Reihen unterwegs ist. Damit werde ich sehr unvorbereitet konfrontiert, so dass ich nicht schnell genug reagieren kann, um auch ein paar Münzen hineinzugeben. Zuerst denke ich, in Erwartung des Abendmahlaktes, es wird Brot dargereicht. Doch als der Korb bei mir ankommt, sehe ich, dass es sich um einen Spendenkorb handelt.

Obwohl Spenden zur Erhaltung von Gebetshäusern, Gemeinden sowie die obligatorische Pflicht der jährlichen Armenabgabe auch zur alltäglichen Praxis der Muslime gehören und somit auch für mich etwas ganz Natürliches sind, empfinde ich das Timing hier etwas unglücklich gewählt, da es mich in diesem Augenblick aus der spirituellen Stimmung löst und an das materiell Verpflichtende, das Ego-Weckende erinnert. Sicherlich liegt dem gewählten Zeitpunkt eine interne Weisheit zugrunde; auf Neulinge, die das erste

Mal einen Gottesdienst besuchen, wirkt der Zeitpunkt jedoch befremdlich.

Bewegt hat mich auch die Lesung, die überall auf der Welt in den Gottesdiensten dieses Tages zum Vortragen vorgegeben ist und so – laut meinem Begleiter – den katholischen Zusammenhalt und das Denken als Großgemeinde bestärkt.

Heute wird aus dem Buch Nehemia gelesen:

„In jenen Tagen brachte der Priester Esra das Gesetz vor die Versammlung; zu ihr gehörten die Männer und die Frauen und alle, die das Gesetz verstehen konnten.

Vom frühen Morgen bis zum Mittag las Esra auf dem Platz vor dem Wassertor den Männern und Frauen und denen, die es verstehen konnten, das Gesetz vor. Das ganze Volk lauschte auf das Buch des Gesetzes. Der Schriftgelehrte Esra stand auf einer Kanzel aus Holz, die man eigens dafür errichtet hatte.

Esra öffnete das Buch vor aller Augen; denn er stand höher als das versammelte Volk. Als er das Buch aufschlug, erhoben sich alle.

Dann pries Esra den Herrn, den großen Gott; darauf antworteten alle mit erhobenen Händen: Amen, amen! Sie verneigten sich, warfen sich vor dem Herrn nieder, mit dem Gesicht zur Erde.

Man las aus dem Buch, dem Gesetz Gottes, in Abschnitten vor und gab dazu Erklärungen, so dass die Leute das Vorgelesene verstehen konnten.

Der Statthalter Nehemia, der Priester und Schrift-
gelehrte Esra und die Leviten, die das Volk unter-
wiesen, sagten dann zum ganzen Volk: Heute ist
ein heiliger Tag zu Ehren des Herrn, eures Gottes.
Seid nicht traurig, und weint nicht! Alle Leu-
te weinten nämlich, als sie die Worte des Gesetzes
hörten.

Dann sagte Esra zu ihnen: Nun geht, haltet ein
festliches Mahl, und trinkt süßen Wein! Schickt
auch denen etwas, die selbst nichts haben; denn heu-
te ist ein heiliger Tag zur Ehre des Herrn. Macht
euch keine Sorgen; denn die Freude am Herrn ist
eure Stärke."

Als Muslima und Philanthropin suche ich immer vergleich-
bare Momente in religiösen, kulturellen und auch künstleri-
schen Ritualen verschiedener Traditionen, die die Gemeinsamkeit der Herkunft von dem Einen Gott erkennen lassen.
Das Zusammenspiel von Lesung und Predigt hier ist dem
Zusammenspiel von Muezzin[4] und Imam[5] beim Freitagsgebet ähnlich. Während der Muezzin die vorgegebenen Stellen für das jeweilige Gebet rezitiert, spricht der Imam bei
seiner Hutba[6] die Anwesenden direkt und frei an. Hierbei
bezieht er sich auf bestimmte Koranverse, öffnet deren Verständnis in Anwendung auf gegenwärtige Gegebenheiten,
wobei er oftmals auf Beispiele aus dem Leben der Propheten und Heiligen verweist.

---

4 Ausrufer des Edhan, dem Gebetsruf zum Salah, dem täglichen Pflichtgebet. Er rezitiert auch bestimmte Koranstellen zwischen den Gebeten.
5 Vorbeter und „Prediger" beim Freitagsgebet.
6 Ansprache/Predigt beim Freitagsgebet.

Die aus dem Buch Nehemia vorgetragene Stelle berichtet folglich genau von der Art einer Predigt, wie sie im Judentum, Christentum und Islam immer noch gebräuchlich ist.

So spricht auch der Pfarrer heute im katholischen Gottesdienst. Er macht die Gemeinde aufmerksam auf die kleinen Dinge im Alltag, durch die der Herr spricht und sich zu erkennen gibt. „Was Gott mir durch die Zeichen der gegenwärtigen Zeit sagen will", spricht er und schließt weitere Ausführungen an, bezogen auf das vorgetragene Bibelzitat mit Hinblick sowohl auf das Alte als auch auf das Neue Testament, aus dem ebenfalls eine Lesung vorgetragen wird. Ein Satz seiner Predigt prägt sich besonders bei mir ein und löst eine tiefere Reflexion aus: „Heute ist der Tag Gottes!"

Im Islam gibt es – wie auch im Judentum und Christentum – heilige Tage und Nächte, die sowohl in tiefer Andacht zelebriert als auch in Gemeinschaft gefeiert werden. Ein ganz besonderer Tag ist der 10. Muharram[7], auch Ashura-Tag genannt, da den Gläubigen, wann immer sie in Schwierigkeiten geraten waren, göttliche Hilfe und Unterstützung gewährt wurde. Gott erschuf die Himmel und die Erden an einem 10. Muharram, sowie Adam und Eva. Die meisten Propheten wurden am 10. Muharram gesegnet und ihre Bitten wurden erfüllt. So strandete an diesem Tag die Arche des Propheten Noah nach der Sintflut. Der Prophet Abraham wurde aus Nimrods Feuer errettet. Dem Propheten David wurde vergeben, seinem Sohn Salomon sein Reich zurückgegeben. Der Prophet Moses durchquerte mit seinem Volk das Rote Meer, das sich vor ihm öffnete, während seine Verfolger,

---

7   Der erste Monat im islamischen Mondkalender.

der Pharao mit seiner Armee, ertranken. Der Prophet Jonas wurde nach vierzigtägiger Gefangenschaft aus dem Bauch des Wals errettet. Dem Propheten Hiob brachte dieser Tag Erlösung von seinen Prüfungen und Gesundheit, größere Wohlhabenheit als je zuvor. Der Prophet Jakob fand nach 40 Jahren seinen Sohn, den Propheten Joseph, wieder. An diesem Tag wurde Jesus, der Messias, geboren und auch wieder an einem 10. Muharram in den Himmel genommen. Dem Siegel der Propheten, Muhammed, wurden die sieben Himmel geöffnet und Rettung vor dem Stamm der Quraisch geschenkt. Friede und Gruß auf Ihnen allen und Ihren Familien!

All diese wunderbaren Ereignisse fanden an einem 10. Muharrem statt. Daher sagen die Muslime, *„Heute ist der Tag Gottes, und er erhört alle Gebete seiner Diener!"* und gedenken aller Propheten des Alten, Neuen und Letzten Testaments, des Heiligen Koran. Denn so verstehen die Muslime die Heiligen Bücher, als ein Buch mit drei Kapiteln, und das Ganze als die Religion Gottes, die Religion der Ergebenheit, Islam. Daher gehört es auch zu den Säulen des Glaubens im Islam, an alle himmlischen Bücher[8] und alle himmlischen Gesandten von Adam bis Muhammed – Friede und Gruß auf Ihnen allen und Ihren Familien – zu glauben.

Dieses Fundament ist es, dem ich es zu verdanken glaube, dass ich mich gar nicht fremd in einem katholischen Gottesdienst fühle und sogar Freude am gemeinsamen Erleben habe. Vor allem der Moment, in dem die Gläubigen allen neben, vor und hinter ihnen Stehenden die Hände

---

8 Dazu zählen die Psalmen Davids, die Thora Moses, das Evangelium Jesu und der Koran Muhammeds, Friede und Gruß auf Ihnen Allen und ihren Familien.

reichen und sich gegenseitig Frieden wünschen, berührt mich emotional am tiefsten. Dieser Moment existiert nämlich auch im islamischen Gottesdienst, wo alle sich gegenseitig die Annahme ihrer Gebete vom Herrn wünschen und sich mit Selam aleykum, dem Friedensgruß und -wunsch verabschieden. Die Freude über die gemeinsam zelebrierte Gottesandacht und der himmlische Segen, der darauf liegt, lässt alles Befremdliche am Anderen unsichtbar, in Wahrheit unbedeutend werden. So auch die Anwesenheit einer durch ihre Kopfbedeckung als Nicht-Christin erkennbaren Dame, der mit derselben Inbrunst Friede gewünscht wird, wie der eigenen Gemeinde. Das ist der himmlische Frieden, auf den wir gläubigen Juden, Christen und Muslime gemeinsam warten. *Dein Reich komme, Dein Wille geschehe, o Herr, wie im Himmel so auf der Erde! SubhanAllah – Lob sei dem Herrn aller Welten und Geschöpfe – Halleluja!*

Auch wenn ich nach diesem sehr eindrucksvollen Erlebnis nicht anfangen werde, jeden Sonntag in die Kirche zu gehen, werde ich doch immer wieder einmal eine Einladung zu einem Gottesdienst annehmen und gern daran teilnehmen. Denn wenn auch der Abschluss mit der Eucharistie der einzige Augenblick ist, wo ich keine Gemeinsamkeit und Brücke zu meinem Glauben aufbauen kann, ist die Präsenz des aufrichtigen Glaubens an Gott und Seine Schöpfung und das gemeinsame Warten auf das Himmlische Königreich auf Erden ein Moment der Versöhnung, den ich gern mit meinen christlichen Geschwistern in einer kalten Kirche verbringe und sogar sehr genieße.

Möge Sein Frieden mit uns allen sein. Selam aleykum, aleykum Selam.

3.1.2 Psalmengebet – das Fundament, das trägt

Natanael Ganter ofm

Wir Franziskaner treffen uns 2- bis 4-mal täglich zum gemeinsamen Gebet. Morgens gegen 7.00 Uhr beten wir die Laudes, abends gegen 18.00 Uhr die Vesper. In manchen Konventen wird mittags gegen 12.00 Uhr noch die Sext gebetet und nachts vor der Bettruhe gegen 21.00 Uhr die Komplet als Tagesabschluss.

Je nach Tradition des Konventes können die Zeiten variieren, wir sind hier nicht an starre Vorgaben gebunden, sondern schauen, wie wir das Gebet als Gemeinschaft am besten in unseren Lebens- und Arbeitsrhythmus integrieren können.

Relativ eindeutig vorgegeben sind bei den Gebetszeiten aber die Inhalte. Denn wir Franziskaner beten das Brevier, das Stundenbuch. Die Struktur ist dabei wie folgt:

Eröffnung, Hymnus, Psalmen und Canticum, Kurzlesung, Responsorium, Lobgesang (Benediktus/Magnificat), Fürbitten, Vaterunser, Oration und Segen.

Das Brevier geht auf eine jahrhundertealte Tradition verbindlicher Gebetstexte zurück, die jedoch öfters in der Kirchengeschichte reformiert wurden, das heutige Stundenbuch zuletzt 1911 und 1970.

Kernstück des Stundengebets sind die Psalmen aus dem Alten Testament. Die beim Stundengebet verwendeten Texte wiederholen sich im vierwöchentlichen Rhythmus, in dem alle 150 Psalmen gebetet werden.

Anfänglich ist der Gebetsablauf recht mühsam, da man lernen muss an welcher Stelle man was betet – und wann man was weglässt. Man hat das Gefühl, dass die Gebetsform mehr eine Art Konzentrationsübung ist als eine Meditation. Die einzelnen Psalmen, Hymnen und Lobgesänge stehen innerhalb des Gebetbuches oft auch nicht konsistent in Reihenfolge, sodass man wissen muss, an welcher Stelle welcher Einschub kommt und wo man die entsprechenden Texte findet. Auf Anfänger kann das recht verwirrend wirken, und – je nach Gedenktag – sagt auch schon mal ein erfahrener Ordensmann statt „Lasset uns beten" schmunzelnd „Lasset uns blättern".

Hat man „den Dreh" aber erstmal raus, ist diese Art des Gebets ein verlässlicher Anker für die Gemeinschaft. Man muss nicht jedes Mal kreativ sein, sondern kann sich einfach hineingeben und in erprobte Strukturen fallen lassen.

Was allerdings nicht bedeutet, dass Kreativität nicht gefragt ist. Manche Brüder fühlen sich regelrecht herausgefordert, die starren Strukturen aufzubrechen und mit eigenen Hymnen, Liedern und alternativen Psalmversionen anzureichern. Wie weit die Kreativität gehen darf oder soll, ist jeweils Absprache der Hausgemeinschaft.

Die Texte der Psalmen sind recht unterschiedlich, mal loben sie Gott, mal schmeicheln sie Ihm. Ein andermal schimpfen sie und jammern oder versuchen Ihn zu umgarnen. Manche Psalmen sind tiefgründig philosophisch, andere blutrünstig und barbarisch. Mal stimmt das Gottesbild, das sie beschreiben mit dem eigenen überein, mal stößt es einen ab.

Manchmal bleibt ein Satz hängen und begleitet einen durch den Tag, ein andermal hat man bereits beim Frühstück keine Ahnung mehr, was genau man eigentlich im Morgenlob gebetet hat.

Aber ganz egal, ob „kreativ" oder „08/15", ob „vergessen" oder „Aha-Erlebnis", wichtig ist es, sich im Gebet verbunden zu wissen mit der Gemeinschaft und mit vielen anderen Betern rund um den Erdkreis. Für uns Franziskaner ist das Gebet – und der dadurch ausgedrückte Glaube – nicht Tagesbeschäftigung, sondern das Fundament, das uns trägt.

3.1.3 Kommunion und Pastor sind hier was Anderes

Juanita Villamor-Meyer

Durch eine Glastür, zwischen bodentiefen Fenstern, treten meine Begleiterin und ich in das Kirchengebäude ein. Das geschäftige Treiben im Vorraum des Kirchensaales, das man bereits durch die Fenster beobachten konnte, wird nun deutlich hörbar. Die Menschen, die die Zeit vor dem Beginn des Sonntagsgottesdienstes für den Austausch in der liebevoll ausgestalteten Sitzecke genutzt haben, machen sich auf den Weg zu ihren Sitzplätzen im Kirchensaal. Auch wir gehen hinein und werden an der Saaltür herzlich begrüßt. Ein großer heller Raum empfängt uns. Neben dem Eingang, unter einer Empore, auf der sich die Orgel befindet, steht vor einem kleinen Stuhlkreis, der – wie ich später erfahre – immer nur bei den Treffen mittwochs genutzt wird, ein kleiner Tisch, auf dem unterschiedliche Publikationen liegen. Dort liegt auch die wöchentliche Lesung, die mir von meiner Begleiterin gegeben wird, damit ich dem Ablauf des Gottesdienstes besser folgen kann. Über einen flauschigen, mintgrünen Teppich gehen wir leise zu unseren Plätzen. Unter jedem Stuhl liegt ein Gesangbuch der christlichen Wissenschaft bereit und auf den meisten Stuhllehnen sehe ich weiche, fein säuberlich zusammengelegte rote Decken. Bis die Orgel laut und mächtig erklingt, herrscht eine bedächtige Stille, die nur durch das Tuscheln von meiner Begleiterin und mir unterbrochen wird. Zwanglos unterhält sie sich mit mir und zeigt mir damit deutlich, wie sehr sie in diesem Umfeld beheimatet ist. Für einen kurzen Augenblick vergesse ich, dass ich mich in einem Gotteshaus befinde und habe eher das Gefühl, in ihrem Wohnzimmer zu sein. Mit der Musik kommt auch Bewegung in den Raum. Die Gottesdienstbesucher richten sich auf, legen andere Lektüre beiseite und nehmen die Gesangbücher zur Hand. Unterdessen stehen aus der vorderen Reihe zwei Personen auf und begeben sich auf ein Podium, das mit zwei gleich großen Pulten ausgestattet ist. Der Gottesdienst beginnt mit einem gemeinsam im Stehen gesungenen Gotteslob. Dann begleiten die Lektorin und der Lektor die Gläubigen durch die Bibellesungen und tragen abwechselnd Abschnitte aus ihrem „Pastor" vor. Der „Pastor", so erfahre ich unterdessen, ist die Bibel (Neue Luther-Bibel) sowie das Lehrbuch „Wissenschaft und Gesundheit mit Schlüssel zur Heiligen Schrift" von Mary Baker Eddy. Zu meinem Erstaunen werden die einzelnen Teile des Gottesdienstes angekündigt, was ich zunächst etwas befremdlich finde. Dies ändert sich jedoch bei der genaueren Betrachtung des Heftchens in meiner Hand. Das Thema der heutigen Bibellektion ist „das Sakrament". Es erscheint mir naheliegend, dass die gottesdienstlichen Handlungen an einem solchen Tag angekündigt und ihre Bedeutung dargelegt werden. Meine Gedanken schweifen ab. Ob dies nicht eine Praxis wäre, die in anderen Gemeinden, Gruppen oder auch im Alltag jedes Einzelnen viel öfter Eingang finden sollte? Mit der Ankündigung ist doch auch ein anderes Handlungsbewusstsein verbunden – indem ich laut ausspreche, was ich im Begriff bin zu tun. Komme ich nicht der Frage nach dem Sinn meines Tuns damit unwillkürlich näher? Die Orgel reißt mich aus meinen Überlegungen. Das nächste Lied wird angestimmt, die Menschen stehen auf und ich ahme es ihnen nach. Musikalisch nicht sehr begabt und ohne Kenntnis der Melodien unterlasse ich jegliche Versuche zu summen und widme mich ganz der Lektüre der Liedtexte.

Es sind großartige Lieder, einige preisen die Herrlichkeit und Macht Gottes, andere suchen die Stärkung der einzelnen Gläubigen und der Gemeinschaft. Die Texte sind in deutscher und englischer Sprache, ein Hinweis auf die enge Bindung der Gläubigen an die Mutterkirche in Boston/USA, die offensichtlich nicht nur Herausgeberin der wöchentlichen Bibellektionen, sondern auch des Liederbuches ist. Die Lesung greift unterschiedliche Bibelpassagen auf; die passenden Stellen in Mary Baker Eddys Buch, die im Anschluss gelesen werden, wecken mein Interesse. Es sind Erläuterungen und Kommentare – dem Lektüreschlüssel aus dem Deutschunterricht nicht unähnlich; sie sind äußerst hilfreich für jede Art der Interpretation. Die biblischen Worte gelangen so auf eine Metaebene. Der tiefere Sinn der Heiligen Schrift wird ergründet und erhält dadurch eine Gültigkeit, aus der Handlungsrichtlinien für das Hier und Jetzt abgeleitet werden.

Matthäus 11:2–6

2 Als aber Johannes im Gefängnis von den Werken Christi hörte, sandte er zwei seiner Jünger 3 und ließ ihm sagen: „Bist du der, der kommen soll, oder sollen wir auf einen andern warten?" 4 Jesus antwortete ihnen: „Geht hin und sagt Johannes, was ihr hört und seht: 5 Blinde sehen und Lahme gehen, Aussätzige werden rein und Taube hören, Tote stehen auf, und Armen wird das Evangelium gepredigt; 6 und glückselig ist, wer sich nicht an mir ärgert."

12 | 494:11–22

Die göttliche 12 Liebe hat immer jeden menschlichen Bedarf gestillt und wird ihn immer stillen. Man sollte nicht denken, dass Jesus die göttliche Macht zu heilen nur für eine ausgewählte Anzahl von Menschen oder 15 eine begrenzte Zeitspanne demonstrierte, denn die göttliche Liebe versorgt die ganze Menschheit und zu jeder Stunde mit allem Guten. Das Wunder der Gnade ist kein Wunder für die Liebe. Jesus 18 demonstrierte die Unfähigkeit der Körperlichkeit wie auch die unendliche Fähigkeit des Geistes und half dadurch dem irrenden menschlichen Sinn, seinen

	eigenen 21 Überzeugungen zu entrinnen und in der göttlichen Wissenschaft Sicherheit zu suchen.
	26 | 270:24–25 24 Sanftmut und Nächstenliebe haben göttliche Autorität.
21 | 1. Johannes 3:16, 17 16 Daran haben wir die Liebe erkannt, dass er sein Leben für uns gelassen hat; auch wir sollen das Leben für die Brüder lassen. 17 Wenn aber jemand die Güter dieser Welt hat und sieht seinen hilfsbedürftigen Bruder und schließt sein Herz vor ihm zu, wie kann die Liebe Gottes in ihm bleiben?	**27 | 572:6–8, 12–17** 6 Der ganz einfache und grundlegende Rat des inspirierten Schreibers lautet, dass wir „einander lieben" (1. Johannes 3:23). 12 Liebe erfüllt das Gesetz der Christlichen Wissenschaft, und nichts Geringeres als dieses göttliche Prinzip kann, wenn es verstanden und demonstriert wird, jemals die Vision der 15 Apokalypse vermitteln, die sieben Siegel des Irrtums mit Wahrheit öffnen oder die unzählbaren Illusionen von Sünde, Krankheit und Tod aufdecken.

Quelle: *Eddy, Mary Baker: „Wissenschaft und Gesundheit mit Schlüssel zur Heiligen Schrift", Massachusetts 1998.*

Der Zugang zum heiligen Text erinnert mich stark an Qur'an-Interpretationen von großen islamischen Gelehrten, die auch dem Wort eine innere und äußere Bedeutung zuschreiben und häufig Liebe auch als das göttliche Prinzip schlechthin hervorheben. Für einen kurzen Augenblick suche ich nach weiteren Parallelen mit rationalistischen und philosophischen Strömungen im Islam, rufe mich aber dann selbst zur Ordnung. Muss ich denn immer Vergleiche anstellen? Hilft es mir wirklich, bereits bekannte Schablonen zu nutzen, um Neues zu verstehen, oder laufe ich damit Gefahr, das Neue an sich zu übersehen? Wäre, wenn das geschieht, damit nicht auch die Begegnung hinfällig? Fragen, über die es sich immer und immer wieder lohnt nachzudenken und natürlich auch zu streiten. Aber jetzt zurück zur Predigt.

Die Lektorin spricht die Kommunion an und eine leichte Nervosität packt mich. Seit meinen letzten Tagen als Messdienerin, in meiner Heimatkirche vor nahezu zwanzig Jahren, habe ich die kleine Hostie nie mehr empfangen. Schnell gehe ich in Gedanken alle Möglichkeiten durch, wie das gemeinsame Abendmahl üblicherweise in den Großkirchen gefeiert wird, und ich hoffe inständig, dass das Ritual keinen Wein zum Gegenstand hat und man sich nicht vor dem Pult im Halbkreis aufstellen muss. Zu meiner Überraschung ist nichts davon Gegenstand, des von mir zu eilig mit dem Ausdruck „Abendmahl" versehenen Ritus. Christliche Wissenschaftlerinnen und Wissenschaftler verstehen die Kommunion als die geistige Vereinigung mit Gott. Im inbrünstigen, stillen Gebet suchen sich die Gläubigen mit ihrem Schöpfer zu vereinen. Ein bis zweimal jährlich wird diese rituelle Handlung in den Tochterkirchen gemeinsam vollzogen. Die Lektorin fordert die Anwesenden auf, sich im stillen Gebet mit Gott zu vereinen und weist auf die Möglichkeit hin, dies kniend zu tun. Meine Begleiterin flüstert mir mit einem Lächeln zu: „Mensch, da machen wir das schon nur einmal im Jahr und genau diesen Tag erwischst du – natürlich kannst du sitzen bleiben." Ich höre sie noch etwas von praktischen Kniebänken in katholischen Kirchen murmeln, während sie sich hinkniet. Ich bleibe sitzen und lasse vorsichtig meinen Blick durch den Raum schweifen. Nur wenige sind sitzen geblieben – die meisten knien auf dem Boden und sind in ihr Gebet vertieft. Manche drehen sich um und stützen sich mit den Ellenbogen auf ihrem Stuhl ab, andere bleiben den Pulten zugewandt und falten ihre Hände vor der Brust. Einige Gläubige berühren während des Gebetes mit ihrer Stirn den Boden und gleichen damit auf den ersten Blick den Muslimen, die auf diese Weise ihr Gebet verrichten. Abgelöst wird das Gebet von der gemeinsamen Deklamation des „Vaterunser", welches Satz für Satz von der Lektorin mit der Bedeutung seiner inneren Dimension ergänzt wird[1]:

Unser Vater im Himmel!

    L: Unser Vater-Mutter-GOTT, all-harmonisch.

Dein Name werde geheiligt.

    L: Einziger Anbetungswürdiger.

Dein Reich komme.

    L: Dein Reich ist gekommen; Du bist immer-gegenwärtig.

Dein Wille geschehe auf Erden wie im Himmel.

    L: Befähige uns zu wissen, dass GOTT – wie im Himmel so auf Erden – allmächtig, allerhaben ist.

Unser tägliches Brot gib uns heute.

    L: Gib uns Gnade für heute; speise die hungernden Herzen.

---

1   Eddy, Mary Baker: Wissenschaft und Gesundheit mit Schlüssel zur Heiligen Schrift", Massachusetts 1998, S. 16–17.

Und vergib uns unsere Schuld, wie auch wir unse-
ren Schuldigern vergeben.

> *L: Und LIEBE spiegelt sich in Liebe wider.*

Und führe uns nicht in Versuchung, sondern erlöse
uns vom Bösen.

> *L: Und GOTT führt uns nicht in Versuchung,*
> *sondern erlöst uns von Sünde, Krankheit*
> *und Tod.*

Denn dein ist das Reich und die Kraft und die
Herrlichkeit in Ewigkeit.

> *L: Denn Gott ist unendlich, die Allmacht, al-*
> *les LEBEN, alle WAHRHEIT, alle LIEBE,*
> *über Allem und Alles.*

Die Betenden nehmen wieder ihre Plätze ein, und kurze Zeit darauf erklingt auch das Abschlusslied des Gottesdienstes, das alle voller Inbrunst singen.

Noch immer verwundert über die Ergänzungen zum „Vaterunser" schaue ich mich erneut neugierig um, auf der Suche nach weiteren Überraschungen. Ich nehme plötzlich Plakate an den Säulen des Raumes war. Meine Begleiterin erzählt mir, diese seien als Wissensrundgang im Rahmen der letzten „Langen Nacht der Religionen" aufgehängt worden und hinterher an den Wänden ver-blieben. Es bleibt mir leider keine Zeit, sie genauer an-zuschauen und durchzulesen, da wir von guten Freun-den und Bekannten meiner Begleiterin sehr herzlich vereinnahmt werden. Wir führen einige kurze Gespräche über Heilungsberichte aus dem Journal der Christlichen

Wissenschaft[2] und der christlich-wissenschaftlichen Pflege, die im Onlineportal der Christlichen Wissenschaft Deutschland wie folgt erläutert werden: „Ihre Tätigkeit beinhaltet Hilfe bei der Grundpflege des Menschen wie Körperpflege, Mobilisierung, Ernährung und Versorgung von Wunden. Während ihrer Arbeit unterstützen sie die Heilung durch die Aufrechterhaltung einer heilenden gedanklichen Atmosphäre durch das Wissen, dass Gott für alle seine Kinder liebevoll sorgt."[3]

Ich erfahre zum ersten Mal etwas von dieser Praxis und bin davon sehr beeindruckt, da ich mir gut vorstellen kann, wie dies einem gläubigen Menschen, der auf Pflege angewiesen ist, hilft. Ohne dieses Thema zu sehr zu vertiefen, beschließen wir, die Kirche zu verlassen, um uns noch gemeinsam in ein nahgelegenes Café zu setzen. Dort finden sich dann ein Professor für Anthropologie, eine Kunststudentin, eine junge Mutter, eine Religionswissenschaftlerin oder – einfacher gesagt – vier Frauen und ein Mann ein, die alle interessiert sind an Spiritualität und über Gott und die Welt philosophieren. Mit mehr Fragen als Antworten im Gepäck kehre ich heim und entschließe mich, auch eine Zusammenkunft am Mittwoch zu besuchen. Bei dieser Gelegenheit hoffe ich, den Wissensrundgang abschreiten zu können und etwas mehr über die Gläubigen dieser Glaubensgemeinschaft zu erfahren.

Nach drei Wochen ist es endlich soweit – mein Zeitplan erlaubt mir den Besuch einer Mittwochszusammenkunft.

---

2   Zeitung/Portal der Christlichen Wissenschaft, in der Gläubige von ihren ganz persönlichen Heilungserfahrungen berichten und einander helfen können.

3   Vgl. Christliche Wissenschaft: http://christliche-wissenschaft.de/heilung/pfleger. Stand 29.03.2016.

Bei dieser spielen persönliche Erfahrungen und Heilungsberichte die tragende Rolle und sind daher eine ganz besondere Art der Versammlung.

Zu Beginn werden Bibelstellen und Zitate aus den von
Mary Baker Eddy zuvor festgelegten Themen verlesen. Die
Anwesenden erhalten Denkanstöße und die Gelegenheit,
sich mit einem Aspekt des Lebens und Glaubens besonders
auseinanderzusetzen.

Dann beginnt wider Erwarten der für mich schönste
und spannendste Teil der Versammlung: Nacheinander
berichten Teilnehmende von ihren ganz persönlichen Erlebnissen, ihrem Leben, ihren Problemen und den Lö-
sungen, die sie dafür fanden. Offen sprechen sie über
ihre Ängste, Nöte und darüber, wie dankbar sie für ihren
Glauben, ihre Familie und ihre Gemeinschaft sind. Eine
so schöne Stimmung und so interessante Statements hatte
ich nicht erwartet – ich hatte mich auf langatmige Beiträ-
ge Einzelner und dem häufig dazugehörigen peinlichen
Augenblick, bei dem man spürt, wie der ganze Raum sich
wünscht, dass der Redner endlich aufhört, eingestellt.
Aber nein, jeder Bericht ist fesselnd, verständlich und zutiefst menschlich.

Einer der Teilnehmer äußert seine Dankbarkeit für
eben diesen freien Raum, er bedankt sich explizit: „… für
diese offene und warmherzige Atmosphäre. Hier, und das
ist heute ganz besonders spürbar, öffnen Menschen ihr
Herz, teilen ihre Gedanken und Anliegen mit, weil sie wissen, dass sie hier nicht verletzt werden, sondern so ange-
nommen werden wie sie sind …".

Auch ich bin dankbar für diesen Abend und vergesse in
meiner Freude darüber, rechtzeitig den Wissensrundgang
abzuschreiten. Im Anschluss an die Versammlung werden

die Plakate abgenommen, aber schon nach wenigen Tagen kann ich alles im Internet nachlesen. Ich möchte Ihnen die Inhalte nicht vorenthalten, da sie einen schönen Einblick in die Christliche Wissenschaft geben:

Welche Rolle spielt Gebet in der Christlichen Wissenschaft?
Gebet ist elementarer Bestandteil des Heilens und täglichen Studiums in der Christlichen Wissenschaft.

Es gibt keine Regeln oder Vorschriften, wie Gebet zu sein hat – dies ist in der Regel ein individueller Prozess, Gebet kommt von GOTT. Alles, was Christus Jesus über Gebet gelehrt hat, die biblischen Psalmen, Lieder sind Inspirationen für Gebet.

Typisch ist es, einen allmächtigen, allgegenwärtigen, und allwissenden GOTT in den Mittelpunkt zu stellen und von dieser Grundlage aus alle Fragen und Herausforderungen zu adressieren. Gebet ist vor allen Dingen Zuhören. Wahres Zuhören bedeutet, wahre Entfaltung zu erleben.

Wie ist meine Beziehung zu GOTT?
„GOTT ist kein Teil von Etwas. GOTT ist das Ganze." (Mary Baker Eddy). GOTT ist Vater und Mutter.

In der Christlichen Wissenschaft ist die Beziehung von GOTT zum Menschen ausschließlich von LIEBE bestimmt. GOTT liebt seine Kinder ohne Wenn und Aber. Einen strafenden oder desinteressierten GOTT, GOTT als „vermenschlichte Person", gibt es in der Christlichen Wissenschaft nicht.

Jeder hat eine eigene individuelle Beziehung zu GOTT, die vollkommen und unantastbar ist, und der Christus ist jener Mittler, der uns diese Beziehung zeigt.

Diese Beziehung ist es, die Heilung ermöglicht.

Wie heilt die Christliche Wissenschaft?

„GOTTES Gesetz ist in drei Worten enthalten: ‚Ich bin Alles'; und dieses vollkommene Gesetz ist stets gegenwärtig." (Mary Baker Eddy, Nein und Ja, S. 30).

Heilen, Trösten, Helfen ist zentral in der Christlichen Wissenschaft, weil es für Christus Jesus im Zentrum stand. Heilung ist das physische Resultat eines Augenblicks, in dem GOTTES Allmacht wichtiger, und der physische Zustand, die traumatische Erfahrung, das Mobbing am Arbeitsplatz als nachrangig erkannt werden.

Welche Rolle spielt Jesus in der Christlichen Wissenschaft?

Jesus Christus ist das größte Vorbild des geistigen Heilens in der Christlichen Wissenschaft.

Er hat uns allen GOTT als das GUTE nahegebracht und die Beziehung von GOTT und Mensch gezeigt. Die göttlichen Gesetze, die es Jesus Christus ermöglicht haben, unzählige Heilungen zu vollbringen, sind die gleichen Gesetze, die in der Christlichen Wissenschaft die Grundlage für Heilung bilden. Die Christliche Wissenschaft ist die Wissenschaft des Christus. Christliche Wissenschaftler verstehen sich als Forscher in der Welt des Geistes, mit Jesus Christus als Vorbild. Es gibt in der Christlichen Wissenschaft nichts, was nicht auf der Bibel basiert, nicht Jesus Christus nachfolgt – allein die Sprache ist modern und macht für jeden Menschen das Heilen, das Jesus Christus gezeigt hat, möglich.

Wie sieht die Christliche Wissenschaft GOTT?

Das GUTE ist „GOTT. Geist; Allmacht; Allwissenheit; Allgegenwart; alles Wirken." (Wissenschaft und Gesundheit, S. 587).

GOTT ist in der Christlichen Wissenschaft explizit nicht anthropomorph, also menschenähnlich. Christliche Wissenschaftler entdecken Gott als GEMÜT, GEIST, SEELE, PRINZIP, LEBEN, WAHRHEIT und LIEBE, als Vater-Mutter, als Hirte, Fels, Licht.

Jemand sagte kürzlich: Gott ist das Betriebssystem, die Festplatte und Hardware des Universums.

GOTT ist Alles.

Wie engagiert sich die Kirche in Berlin?
Unsere Kirche ist eine von vier Kirchen in Berlin. Zusammen präsentieren wir ein breites Angebot an Aktivitäten und Angeboten.

Alle Kirchen bieten öffentliche Vorträge über die Christliche Wissenschaft an. Die Christliche Wissenschaft engagiert sich im Arbeitskreis der Religionen (AKR), im Forum der Religionen und in der Werkstatt der Religionen in Berlin. Jede Kirche hat darüber hinaus einen öffentlichen Lektorraum.

Teil des lösungsorientierten Angebots für die Welt sind Praktiker, Lehrer und Pfleger der Christlichen Wissenschaft.

Es gibt in Berlin auch einen Verein für christlich-wissenschaftliche Pflege. Praktiker sind Seelsorger, die den Heilungsprozess anderer Menschen geistig unterstützen. Lehrer bieten einmal im Jahr Klassenunterricht an, in dem mehr über das christlich-wissenschaftliche Heilen gelernt werden kann. Pfleger sind ausgebildet und helfen Menschen im täglichen Leben in Zeiten der Heilung.

Warum gibt es zwei Pulte?
In der Christlichen Wissenschaft gibt es keinen Pastor im geläufigen Sinne.

Die Bibel und der Bibelkommentar „Wissenschaft und Gesundheit mit Schlüssel zur Heiligen Schrift" sind der Pastor. Eine Predigt wird am Sonntag von zwei demokratisch gewählten Lektoren oder Lektorinnen gelesen – die Predigt steht in der Woche als Bibellektion zur Verfügung.

Es gibt 26 Themen, die zweimal jährlich wiederholt werden. Die Bibellektion wird in 130 Ländern der Erde studiert, sie ist oft die Basis für das Gebet für die Welt.

Was ist die Funktion dieses Sitzhalbkreises?
Zusätzlich zum Sonntagsgottesdienst gibt es in jeder christlich-wissenschaftlichen Kirche eine *Mittwochabendversammlung*.

Nach einer kurzen Lesung aus der Bibel und dem Lehrbuch der Christlichen Wissenschaft können hier Mitglieder der Kirche, aber auch Gäste von Erfahrungen berichten.

In unserer Kirche findet die Versammlung in diesem Sitzhalbkreis statt.

Jeder und jede ist herzlich willkommen.

Wie läuft ein Sonntagsgottesdienst ab?
Beim *Sonntagsgottesdienst* steht die Lesung der wöchentlichen Bibellektion zu einem bestimmten Thema im Zentrum.
Themen sind z. B. GOTT, LIEBE und das Sakrament.

Es wird gesungen, gemeinsam das Gebet des Herrn gebetet und ein Solo vorgetragen.

Orgelmusik umschließt den Gottesdienst.

Wie lebt man die Christliche Wissenschaft im Alltag?
Der Alltag ist der ganze Fokus für Christliche Wissenschaftler.

Er ist das Labor, in dem die heilenden Gesetze GOT-
TES Anwendung finden, hier erweist sich, was Nachfolge
Christi wirklich bedeutet. Die Christliche Wissenschaft lebt
vom regelmäßigen Studium und Gebet. Wir entdecken jeden Tag mehr, was GOTT ist, was Er/Sie im Leben bedeutet. Was es heißt, dass alle Menschen GOTTES Kinder sind.
Demut, Dankbarkeit, Freude sind wichtige Eigenschaften,
die jeden Tag gelebt werden wollen. Dadurch hat das eigene geistige Lernen auch positiven Einfluss auf das Umfeld.
Für viele Christliche Wissenschaftler ist es üblich, täglich für
die Familie, Freunde, die Stadt und die Welt zu beten oder
spezielle Herausforderungen und Probleme (Krankheits-
wellen, Kriege, Terrorismus, Umweltkatastrophen) meta-
physisch zu behandeln.

Wenn Jesus Christus sagt: „In der Welt habt ihr Angst,
aber seid getrost: Ich habe die Welt überwunden" – dann ist
dies Ansporn und Trost zugleich.

*Wie kann man an einen guten GOTT glauben, wenn es so viel
Leid auf der Welt gibt?*
GOTT ist LIEBE. Das ist die zentrale christliche Botschaft,
das einzige, echte Gegenmittel gegen Gewalt, Ungerechtigkeit, Krieg und Hunger. Wahre Gleichberechtigung aller
Menschen ist nur auf der Grundlage zu verwirklichen, dass
alle Menschen eine große Familie sind. Christen beharren
auf der Tatsache, dass GOTT gut und allmächtig ist und
erwarten, dass ihnen Ausdauer und Durchhaltevermögen
zuwächst, wenn sie sich selbstlos um andere bemühen, Leiden lindern, Heilung ermöglichen und Verständigung und
Kooperation unterstützen. Der *Christian Science Monitor*
ist als Tageszeitung mit einem heilenden, konstruktiven
Ansatz ein Monument dafür, wie Liebe Angst überwindet

und Friedensarbeit beflügelt. Zudem sind viele Christliche Wissenschaftler in konkreten humanitären Missionen tätig, in der Mediation, Konfliklösung, als Mitglieder der UN, im Journalismus, in diplomatischen Aufgaben, politischer Arbeit, pflegerischen Tätigkeiten.

Was versteht die Christliche Wissenschaft unter Glauben?
Es bedeutet, auf etwas zu vertrauen, das man mit den fünf Sinnen nicht erfassen kann. Hierfür braucht es den geistigen Sinn. Glaube und geistiges Verständnis der geistigen und göttlichen Gesetze, die in der Bibel so vielfach beschrieben und praktisch angewendet wurden, sind verknüpft.

Jesus sagt im Johannesevangelium: „GOTT ist GEIST, und die ihn anbeten, die müssen ihn im GEIST und in der Wahrheit anbeten." (Johannes 4: 24)

Quelle: Vincent-Immanuel Herr und Martin Speer, Wissensrundgang zur Christlichen Wissenschaft 2015, Berlin

3.1.4 Liebevoll und familiär – ein E-Mail-Austausch zum Gottesdienst bei der Kirche Jesu Christi der Heiligen der Letzten Tage

Juanita Villamor-Meyer, Annette Kreutziger-Herr, Thomas M. Schimmel

Von: Juanita Villamor-Meyer
Gesendet: Montag, 20. Juni 2016 16:16
An: Kreutziger-Herr, Schimmel
Betreff: Gottesdienst bei den Mormonen
Priorität: Hoch

Lieber Thomas, liebe Annette,

ich hoffe sehr, Ihr hattet ein schönes Wochenende und habt Euch gut von der arbeitsreichen Woche erholt.

Mein Besuch bei der Pfahlkonferenz der „Kirche Jesu Christi der Heiligen der Letzten Tage" am Sonntag war spannend, lehrreich und sehr schön. Die Mormonen nennen eine Kirchenregion Pfahl, und an diesem Sonntag fand eine große Konferenz der hiesigen Kirchenregion statt. Ich war überpünktlich, nämlich drei Minuten vor der Zeit, doch leider nicht früh genug. Als ich ankam, waren fast alle Plätze besetzt und viele Menschen mussten den Gottesdienst durch Liveübertragung in einem Nebengebäude verfolgen. Beinahe wäre ich von einem der vielen fleißigen Helfer auch dorthin gebracht worden, hätte ich nicht rechtzeitig den Namen unseres Freundes Ralf und des Berliner Forums erwähnt. Da die Anwesenden bereits dem Chorgesang lauschten, wollte ich mich nicht durch den prall gefüllten Saal nach vorne zu meinem reservierten Platz begeben, entdeckte jedoch noch einen Platz mit guter Sicht in der Mitte des Raumes. Mich erstaunte, dass fast ausschließlich Familien und Gruppen unterschiedlicher Generationen gekommen waren, die die ganze Zeit liebevoll aufeinander achteten. Die Feierlichkeit der Versammlung war deutlich spürbar, zumal die Frauen und Männer und auch die Kinder sorgfältig gekleidet und frisiert waren.

Der Konferenzgottesdienst begann mit der Begrüßung durch den Pfahlpräsidenten der Kirche und einem kurzen Gebet, das eine Frau frei formulierte. Danach wurde Organisatorisches geklärt, indem ein Pfahlpräsidentschaftsmitglied die Namen von Kirchenbeamten sowie anderer Würdenträger laut verlas und diese durch die Versammlung per Handzeichen in ihrem Amt bestätigen ließ. Alle Personen wurden einstimmig bestätigt. Dann folgten Gebete, Danksagungen, Gesang und die Lesung einzelner Stellen aus dem Buch Mormon. Es war ein schöner Gottesdienst, bei dem immer wieder deutlich wurde, was für einen hohen Stellenwert ‚Familie‘ in dieser Glaubensgemeinschaft einnimmt. Die Wort- und Themenwahl und der Umgang miteinander machten dies deutlich. Ganz besonders fiel mir etwas auf, das ich unbedingt erwähnen möchte. Von meinem Platz aus, hatte ich – wie erwähnt – eine sehr gute Sicht und konnte die Hälfte der Anwesenden von hinten betrachten. Ich beobachtete bei vielen Paaren eine besondere Zuneigung und Zärtlichkeit, was ich bisher noch nirgends während eines Gottesdienstes so gesehen hatte. Sie umarmten einander, lehnten den Kopf auf die Schulter des anderen oder umfassten liebevoll die Hand des anderen. Ich hatte den Eindruck, dass der Gottesdienst sie noch näher zusammenbrachte und dass sie ihn erst gemeinsam so richtig genießen konnten. Aber das ist natürlich nur ein Gefühl, das ich nicht begründen kann, aber als Besonderheit empfunden habe.

Doch nun genug von meinen Erfahrungen. Mich interessiert sehr, wie Ihr Eure Besuche der „Kirche Jesu Christi der Heiligen der Letzten Tage" erlebt habt?

Ganz liebe Grüße,

Juanita

Von: Dr. Thomas M. Schimmel, 1219 e.V.
Gesendet: Dienstag, 27. Juni 2016 13:47
An: Juanita Villamor-Meyer; Prof. Dr. Annette Kreutziger-Herr
Betreff: AW: Gottesdienst bei den Mormonen
Priorität: Hoch

Liebe Juanita, liebe Annette,

vielen Dank für Deine Eindrücke von dem Gottesdienst zur Pfahlkonferenz der „Kirche Jesu Christi der Heiligen der Letzten Tage". Die Mitglieder dieser Kirche werden im Volksmund ja auch Mormonen genannt, weil sie neben der hebräischen Bibel und dem Neuen Testament auch das Buch Mormon als heiliges Buch und Offenbarung Gottes anerkennen. Ich war vor ein paar Wochen in einem normalen Sonntagsgottesdienst, der Abendmahlsversammlung genannt wird, und habe ähnliche Erfahrungen gemacht wie Du.

Auf dem Weg zum Tempel im Tiergarten kamen viele Erinnerungen aus meiner Jugend wieder hoch: In den 1980er Jahren bauten die Mormonen am Rand des Gebietes unserer Kirchengemeinde im Ruhrgebiet eine Kirche bzw. einen Tempel mit Gemeindezentrum, was große Aufregung verursachte. Kurz vor der Einweihung wurde der Sektenbeauftragte der Landeskirche eingeflogen, der den Gemeindegliedern der evangelisch-lutherischen und katholischen Gemeinden die „abstruse" Geschichte und die „merkwürdigen" Ideen dieser „Sekte" nahe brachte. Man befürchtete, dass diese Gemeinschaft, deren stets mit dunklem Anzug und weißem Hemd gekleideten Missionare, die nach meinem damaligen Eindruck alle den Vornamen Elder (engl. Ältester) hatten, den etablierten Pfarrgemeinden nun das Leben schwer machen würden. Zudem wurde auf rassistische Tendenzen hingewiesen, da bis 1978 keine Farbigen in die Kirche aufgenommen werden durften.

In der Tat mutet die Geschichte der Mormonen seltsam an. Ihr Gründer Joseph Smith jr. findet 1827 goldene Platten, auf denen in einer Geheimschrift das Buch Mormon als Fortsetzung der Bibel niedergeschrieben ist. Joseph Smith übersetzt diese Platten, die u. a. die Geschichte zweier Stämme Israels beschreiben, die während der Zeit des babylonischen Exils auf den amerikanischen Kontinent ausgewandert sind. Während sich der eine Stamm, die Nephiten, an die Gebote hielt, fiel der andere Stamm, die Lamaniten, vom Glauben ab. Nach seiner Auferstehung habe Jesus die Nephiten aufgesucht und ihnen das Evangelium verkündet. Jedoch seien die Nephiten von den ungläubigen Lamaniten vernichtet worden. Als letzter Überlebender habe der Prophet Moronie diese Geschichte auf Goldplatten geschrieben und versteckt. Joseph Smith machte diese Offenbarung den Menschen wieder zugänglich. Er hatte weitere Offenbarungen, die das Leben der Gläubigen und der Kirche regeln. So glauben Mormonen, dass der Sündenfall, den Jesus für die Menschen gesühnt hat, keine Hypothek, sondern die Chance ist, sich frei für ein glückliches und erfülltes Leben zu entscheiden. Gott gibt den Menschen auf der Erde die Möglichkeit, sich zu läutern und so ihm ähnlich zu werden.

Der Erlösung ist allerdings ohne die Taufe nicht möglich. So ist es den Mormonen möglich, Verstorbene nachträglich zu taufen und sie so am ewigen Leben teilhaben zu lassen, was eine einmalige Ahnenforschung bis in die heutige Zeit zur Folge hat. Die Lehre von Joseph Smith stieß schnell auf Ablehnung und Verfolgung, so dass er mit seinen Anhängern aus der Nähe von New York nach Westen zog, immer wieder auf Widerstand stieß und schließlich ermordet wurde. Seine Nachfolger führten die Gläubigen schließlich in das damals menschenleere Utah und gründeten am Großen Salzsee die Stadt Salt Lake City, die heute Zentrum des Mormonentums ist. Die Parallele zu Mose, der sein Volk ins gelobte Land führte, es aber selbst nicht betreten hat, ist augenscheinlich.

Die großen christlichen Kirchen erkennen die „Kirche Jesu Christi der Heiligen der Letzten Tage" nicht als christliche Konfession an, weil sie neben der Bibel andere Schriften als Offenbarung Gottes anerkennt und das Glaubensbekenntnis von Nicäa nicht akzeptiert. An all das, aber auch an die Berichte über Riten (Endowment), die nur Mormonen im Tempel von Salt Lake City zugänglich sind und die Gläubigen darauf vorbereiten, das ewige Leben zu erlangen, erinnerte ich mich, als mich Ralf am Eingang des Tempels im Berliner Bezirk Tiergarten in Empfang nahm.

Das Gebäude der „Kirche Jesu Christi der Heiligen der Letzten Tage" ist ein modernes Gemeindezentrum mit Gruppenräumen, Küche, Sporthalle, Ahnenforschungszentrum und natürlich einem Gottesdienstraum, der ein Saal mit Kirchenbänken ohne jeglichen Schmuck ist. Die Gläubigen sitzen den Amtsträgern gegenüber, die auf einem treppenähnlichen, etwas erhöhten Podium Platz nehmen. In der Mitte des Podiums ist ein großes Rednerpult, am linken Rand findet sich eine Orgel und am rechten Rand ein Tisch, der mit einem weißen Tuch verhüllt ist. Unter dem Tuch befinden sich Wasser und Brot für das Abendmahl, das in diesem Gottesdienst gefeiert wird. Dieser Sonntag ist ein besonderer Fastentag: Die Gemeindeglieder essen den Tag über nichts und spenden das gesparte Geld caritativen Zwecken der Gemeinde. Jeder und jede ist eingeladen, ein Glaubenszeugnis abzugeben.

Der Tempel an diesem Sonntag ist nicht ganz voll, aber wie Dir, liebe Juanita, fällt mir auf, dass ein Großteil der anwesenden Gemeindeglieder junge Familien sind. Außerdem ist es eine sehr internationale Gemeinschaft: Menschen aus Südamerika, Nordamerika, England und Deutschland. Der Gottesdienst wird simultan ins Englische und Spanische übersetzt. Die Kinder rufen durcheinander, die Erwachsenen singen. Eine sehr entspannte Atmosphäre, die weniger an eine gut strukturierte und liturgisch ausgefeilte Messe in katholischem Sinne erinnert als an die Mitgliederversammlung eines Vereins. Dieser Eindruck verstärkt sich im Verlauf des Gottesdienstes. Die Gemeinde bleibt die ganze Zeit sitzen, es gibt keine Lesungen und keine formalisierten Gebete.

Weil der Gemeindeleiter, der den Titel Bischof trägt und demokratisch gewählt wird, nicht da ist, begrüßt sein Stellvertreter, ein junger Mann aus Bolivien, die Gemeinde und lädt einen Bruder – Mormonen bezeichnen einander als Bruder und Schwester – ein, das Eingangsgebet frei zu sprechen. Anschließend wird gesungen – ein Choral, wie er auch im Gotteslob oder dem Evangelischen Gesangbuch zu finden ist. Wer kann, singt in seiner Stimmlage mit, die Noten sind vierstimmig im Gesangbuch notiert. Anschließend geht es um die Aussendung von Missionaren und die Übertragung eines Gemeindeamtes. Die anwesenden Gemeindeglieder werden um das Handzeichen zur Zustimmung gebeten, was prompt einstimmig erfolgt. Es wird wieder gesungen. Danach kommt es zu einem spirituellen Höhepunkt: In der letzten Woche wurde ein Gläubiger getauft. Nun soll er konfirmiert und so endgültig in die Gemeinde aufgenommen werden. Er kommt nach vorne und setzt sich auf einen Stuhl: Drei Freunde stellen sich um ihn, legen ihm die Hände auf den Kopf und sagen Segenswünsche – auf Türkisch, da das Neumitglied aus der Türkei stammt. Danach wird der frisch aufgenommene Mormone mit Applaus begrüßt.

Im Anschluss werden die Gläubigen eingeladen, Glaubenszeugnisse abzugeben. Sechs Gemeindeglieder stellen sich an und erzählen der Reihe nach von Erfahrungen und Erlebnissen der letzten Wochen und wie ihnen ihr Glaube an Jesus Christus geholfen hat, mit alltäglichen oder schwierigen Situationen umzugehen. Die Gemeinde hört aufmerksam zu und es ist rührend zu erleben, wie Menschen ihren Glauben in Alltagssituationen wahrnehmen und ihre Erfahrungen, seien sie noch so banal, ohne Scham an ihre Brüder und Schwestern weitergeben. Jedes Zeugnis wird mit dem Satz, dass dies im Namen Jesu Christi gesagt wurde, abgeschlossen und von der Gemeinde mit Amen bestätigt.

Nach einem Lied wird nun das Abendmahl vorbereitet. Zwei junge Männer knien hinter dem weiß gedeckten Tisch an der Seite. Anschließend werden auf Tellern zerkleinerte Graubrotscheiben durch die Kirchenbänke gereicht. Als der Teller zu mir kommt, richte ich einen fragenden Blick an meinen Banknachbarn Ralf, der mir mit einem Kopfnicken bedeutet, dass hier jeder eingeladen ist, am Abendmahl teilzunehmen. Nach den Tellern kommen kleine Tabletts mit einzelnen Plastikbecherchen, von denen sich jeder einen nimmt, austrinkt und auf das Tablett zurückstellt. Nach einem Lied lädt der Versammlungsleiter eine Schwester zu einem Schlussgebet ein.

Doch die Versammlung geht nicht auseinander, sondern gruppenweise in die Sonntagsschule. Ich begleite auch hier Ralf und seine Frau und werde wieder in meine Jugend versetzt: Über Jahre habe ich im Kindergottesdienst versucht, Jugendlichen die Geschichten der Bibel näher zu bringen und in die heutige Zeit zu übersetzen. Dies geschieht auch hier – jedoch mit einem Text aus dem 1. Buch Nephi, das Teil des Buches Mormon ist. Es geht um Prophezeiungen von Joseph in Ägypten, wobei hier die Namensparallelität mit dem Gründer des Mormonentums Joseph Smith, hervorgehoben wird. In einem Frage- und Antwortdialog zwischen Leiterin und Gruppe wird der Text analysiert. Dabei spielt der persönliche Bezug zum Text oder zu Personen, die im Text erwähnt werden, eine wichtige Rolle.

Der Besuch im Tempel und die Begegnung mit dieser multikulturellen und polyglotten Gemeinschaft war für mich eine schöne Erfahrung, auch wenn ich als katholischer Christ den Gottesdienst zu wenig spirituell und viel zu rational empfand. Dennoch war ich beeindruckt von der optimistischen und fröhlichen Art zu beten, zu singen und über eigene Glaubenserfahrungen zu sprechen.

Nun bin ich gespannt, wie Anette ihren Besuch bei der „Kirche Jesu Christi der Heiligen der Letzten Tage" erlebt hat.

Herzliche Grüße!

Thomas

Von: Prof. Dr. Annette Kreutziger-Herr
Gesendet: Donnerstag, 29. Juni 2016 10:05
An: Dr. Thomas M. Schimmel, 1219 e.V.; Juanita Villa-mor-Meyer
Betreff: AW: AW: Gottesdienst bei den Mormonen
Priorität: Hoch

Ihr Lieben,

Danke für Eure Eindrücke. Die Warmherzigkeit und Fröhlichkeit des Gottesdienstes hat mich berührt und angesprochen – die familiäre Herzlichkeit, die sichtbar und spürbar war, wie in einer großen Familie, ist ohne Frage eine große Kraft. Die musikalischen Elemente des Gottesdienstes waren ebenso bewegend wie die vielfältigen Wortbeiträge aus unterschiedlichen Perspektiven.

Ich fühlte mich gleichzeitig ein bisschen in eine andere Zeit versetzt – die sichtbare Hierarchie, durch die Sitzordnung frontal zur Gemeinde – hat für mich das Gemeinsame in zwei Gruppen geteilt, in die Amtsinhaber und die Gemeinde. Ich komme aus einer basisdemokratisch organisierten Gemeinde, in der es keinerlei Hierarchie gibt, der Kirchenvorstand ausschließlich die Projekte der Gemeinde ausführt, aber wenig lenkend eingreift, und in der Männer und Frauen gleichberechtigt sind. In einer Umgebung zu sein, in der Geschlechterrollen und die Bedeutung von Familie mit klarer Zuschreibung der individuellen Aspekte innerhalb der Familie stärker präsent sind, als ich es sonst in Berlin und in meiner eigenen oder anderen protestantischen Gemeinden wahrnehme, hat mich beschäftigt.

Ich blicke auf die Bibel als auf ein Buch, das uns allen sagt, woher wir kommen und wohin wir gehen, das mit geistigem Blick und Herz verstanden werden will und Angebote fürs Selberdenken macht. Das Christentum ist für mich eine wundervolle Balance von Verstand und Herz – und ich kann ehrlich sagen, dass für mich Jesus Christus der beste Mensch ist, der je auf diesem Planeten war, der zugleich jemand ist, der unter die materielle Oberfläche der Dinge taucht und sich stark macht für die Göttlichkeit in jedem Menschen. Dass dieses Leben im Einssein mit dem göttlichen Ursprung für Jesus selbst und seine Umgebung eine durchschlagende Wirkung hatte, sieht man an den Heilungen, den Problemlösungen – aber auch an der Auslösung von elementaren Konflikten mit Strukturen, Regeln, Hierarchien, die diesem Primat des Geistes nicht folgen können und wollen. Diese geistige Dimension, die das selbstständige Denken und praktische Tun in den Mittelpunkt rückt, öffnet einen Denk- und Sprechraum, und von dieser Dimension habe ich in einigen Beiträgen eine Ahnung bekommen. Einiges an der Bibelexegese hat mich irritiert – und da gibt es reichlich Stoff zum Weiterdenken.

Die Art, wie offen und herzlich die Gemeindemitglieder mit den anwesenden Mitgliedern des Berliner Forums der Religionen[1] umgegangen sind, hat mich begeistert – davon können sich Bürgerinnen und Bürger in Berlin eine Scheibe abschneiden. Ich wünsche mir, dass wir voneinander lernen, miteinander sprechen und uns in der Vielfalt der Glaubenszugänge begegnen wie Wanderer auf vielfältigen Wegen. Es war eine Bereicherung, am Gottesdienst teilgenommen zu haben und ich freue mich auf die nächste Begegnung.

Herzlich,

Annette

---

1 Das Berliner Forum der Religionen ist eine Plattform für den Dialog der Religionen untereinander und mit der Bürgergesellschaft.

3.2.1 Offenheit und Gastfreundschaft – freitags in der Wilmersdorfer Moschee

Tabea Perger

Es ist ein frischer Spätsommertag, der mit seinen schweren grauen Wolken und der kalten scharfen Luft dem Herbst ein charmantes Lächeln zuwirft. Ich begebe mich auf den Weg nach Berlin Wilmersdorf und bin voll freudiger Erwartung, wie mein heutiger Besuch in der Ahmadiyya Anjuman Ischat-i-Islam Lahore-Gemeinde[1] wohl verlaufen mag. Während meines Studiums[2] hatte ich bereits Gelegenheit, die Schwestergemeinde in Hamburg besuchen zu dürfen. Aber dennoch: Jede Gemeinschaft hat ihre eigene Dynamik und die Atmosphäre kann trotz gleicher Glaubensgrundsätze variieren.

Im Internet habe ich gesehen, dass es sich um einen sehr besonderen Bau aus den 1920er Jahren handelt und ich freue mich, den Taj Mahal Berlins mal mit eigenen Augen bestaunen zu können.

Im Vorfeld hatte ich per E-Mail Kontakt zu dem Imam und er machte einen sehr offenen, unkomplizierten Eindruck.

Von der U-Bahn-Station gehe ich ca. zehn Minuten und bleibe vor einem unscheinbaren Flachbau stehen, an

---

1   Die Strömung der Ahmadiyya-Bewegung ist eine aus Indien und Pakistan kommende Sonderform des Islam. Sie unterscheidet sich von den Sunniten und Schiiten in der Frage, ob nach dem Propheten Muhammad noch weitere Propheten kommen können. Die Ahmadiyya-Bewegung spaltet sich in Ahmadiyya Anjuman Ischat-i-Islam Lahore (AAIL) und Ahmadiyya Muslim Jamaat (AMJ).

2   Ich habe meinen Bachelor-Abschluss in Stadtentwicklung und Religionswissenschaft an der Universität Hamburg gemacht.

dem – nach meinem Ermessen – arabische Schriftzeichen angebracht sind. Ich muss im Internet auf eine falsche Seite gekommen sein, denn mit der Moschee auf dem Foto hat dieses Gebäude nichts gemeinsam.

Ein älterer Herr auf einem Plastikstuhl liest versunken im Kor'an. Eine Gruppe junger Mädchen mit bunten Kopftüchern steht im Kreis und kichert. Zwei ältere Damen sitzen auf einer Bank und trinken Tee. Ich freue mich über das bunte Treiben vor der Tür und begebe mich zum Eingang. Da sehe ich zwei große, bullige Männer an der Tür mit dem Logo einer Security Firma auf den Jacken und werde stutzig. Erst jetzt fallen mir die Hinweisschilder an den Türen auf; es handelt sich gar nicht um die Moschee, sondern um eine Unterkunft für geflüchtete Menschen. Ich muss lachen und gleichzeitig über mich den Kopf schütteln. Ich sehe ein paar vermeintliche Araber und denke gleich ich sei in einer Moschee. Na, ob das wohl die besten Voraussetzungen für meinen Besuch sind?! Aber ich mag diese Momente, in denen ich mit meinen eigenen Vorannahmen- und urteilen konfrontiert werde. Sie machen mir bewusst, wie tief manche Bilder sitzen, und helfen, sie zu hinterfragen.

Ich laufe ein Stück weiter und stelle fest: Die Internetrecherche stimmte doch. Die Moschee mit (Vor-)Garten ist wirklich beeindruckend[3]. Ich gehe durch das Gartentor und steuere auf eine Art Anbau zu. Die Türen stehen offen und schon stelle ich mir die erste Frage: Gibt es ein Pendant zur Sakristei? Also einen Raum, in dem sich der Imam vorbereitet oder wo die Waschungen durchgeführt werden? Da

---

3   Die „Wilmersdorfer Moschee" in persisch-indischem Stil ist die älteste Moschee in Deutschland, die als Gebetshaus gebaut wurde. Sie wurde 1928 eingeweiht, hat eine große Kuppel und zwei freistehende Minarette.

ist ein junger Mann, den ich gerne fragen würde, aber so ganz traue ich mich nicht, ihn einfach anzusprechen und mit meinen Fragen zu attackieren. Erstmal den Imam finden und die Regeln hier abchecken. Nicht, dass ich als Frau gar nicht in den Raum darf oder so. Ich war bereits in vielen Moscheen und dennoch ist es immer wieder ein bisschen abenteuerlich für mich. Es ist ein aufregendes Gefühl, das sich aus der Mischung von Bekanntem und Unbekanntem ergibt. Da ich nicht so laut rufen möchte, abgesehen von dem Jungen aber niemanden sehe, rufe ich Imam Aziz an. Da kommt plötzlich ein zierlicher Mann im Anzug, mit dezent bestickter *Takke*[4] und winkt mir mit dem klingelnden Handy in der Hand zu. Er hat ein freundliches Gesicht mit leuchtenden Augen und einem ansteckenden Lächeln. Gemeinsam gehen wir zum Hauptgebäude und er plaudert fröhlich. Wir treten ein und sofort durchströmt mich ein angenehmer Duft von Süßholz und Tee. Dabei ist kein Tee in Sicht. Trotzdem angenehm und irgendwie heimelig. Es sind schon einige Personen in der Moschee, sodass Herr Aziz sich sogleich nach vorne begibt. Im hinteren Teil des Raumes stehen ein paar Frauen mit Kindern, die mich neugierig anschauen und mir verlegen zulächeln. Ein kleines Mädchen von ca. anderthalb Jahren zeigt auf mich, schaut zu ihrer Mutter und macht große, staunende Augen. Vielleicht hat sie noch nicht so häufig blonde Haare gesehen?

---

4   Takke, Gebetsmütze. Das Tragen eine Gebetsmütze ist im Islam anders als im Judentum (Kippa) nicht zwingend vorgeschrieben und wird unterschiedlich begründet: Nach der Überlieferung soll Muhammad seinen Kopf beim Gebet bedeckt habe. Es ist ein Zeichen der Zugehörigkeit zum Islam oder die Andeutung einer Krone, die die Würde des Menschen betont oder ein Schmuckstück, weil Gott erwartet, dass die Menschen in ihrem schönsten Kleid zum Gebet kommen.

Irgendwie scheine ich in den *Ruf des Muezzins* verpasst zu haben (was ist denn mit mir nicht ganz richtig?), denn vorne geht es schon los. Der Imam hat angefangen zu sprechen und heißt auf Deutsch alle herzlich willkommen. Dann folgt schon die Abfolge an Bewegungen, die das Gebet begleiten und die viele auch ohne Moscheebesuch kennen:[5] stehend, Hände leicht angehoben, Hände auf die Oberschenkel und den Rumpf gebeugt, auf dem Boden gebeugt, kniend, gebeugt, wieder von vorne. Es bereitet mir viel Freude, den Kleinsten dabei zuzusehen, wie sie stolz den Ablauf mitmachen und jede Bewegung im Detail kennen. Einige meiner muslimischen Freunde haben ein enges Verhältnis zu ihren Vätern. Sie begründen es mit den gemeinsamen Moscheegängen und wenn ich die aufgeweckten kleinen Jungs beobachte, wie sie ab und zu einen verstohlenen Blick zu ihren Vätern, Onkeln und Brüdern werfen, um sich dann wieder ganz konzentriert vorzubeugen, nehmen diese Äußerungen plötzlich Gestalt an. Vielleicht schaffen sie es noch nicht ganz, ihren Geist auf Allah zu konzentrieren. Aber ich spüre, wie ein Band zwischen den Menschen entsteht, egal, ob groß oder klein. Und ist diese Verbindung nicht Ausdruck seiner Anwesenheit?

Doch auch neben mir spielt sich einiges ab: Eines der Mädchen das keine Kopfbedeckung trägt, schlängelt sich unter den Tüchern und Röcken der Frauen umher und hat so immer irgendeinen Stoff um sich gewunden. Eine Teenagerin hält in einer Hand den Kor'an und streichelt mit der anderen fortwährend den Buchrücken. Genauso neugierig,

---

5 Salāt (arab.): Gebet. Das muslimische Gebet wird als Salāt bezeichnet. In diesem Fall war ich überrascht: Es war eine Art Einstiegsgebet, woraufhin die Chutba (= Predigt) folgte und dann nochmal ein „ausführliches Gebet". Vgl. Gebet im Islam: S. 83.

wie ich mich umsehe, schauen auch die Frauen mich an (die Männer befinden sich ja vor uns). Es ist ein wohlwollendes Beobachten mit einladenden Gesten, die mir teilweise die Abläufe erläutern sollen.

Die *Chutba*[6], welche in der Ahmadiyya Moschee auf Deutsch und Englisch gesprochen wird, handelt an dem Tag vom Teilen. Der Imam illustriert seine Botschaft durch viele Geschichten aus dem Alltag und macht sie so auch für die jüngeren Besucherinnen und Besucher zugänglich. Einige Frauen lassen beim Zuhören hölzerne *Misbahas*[7] durch die Finger gleiten. Ich bin überrascht, dass noch immer Menschen in die Moschee strömen und sich ganz natürlich in die Gruppe einfügen.

Im Anschluss an die *Chutba* wird das rituelle Pflichtgebet *(Salāt)* gehalten, und dieses Mal konzentriere ich mich nicht auf mein Umfeld, sondern versuche, meinen Geist zu kanalisieren. Ich brauche einen Moment, bis ich den Bewegungsablauf mit der geistigen Konzentration vereinen kann. Ich weiß, dass die einzelnen Haltungen eigentlich einem bestimmten Inhalt und teilweise konkreten Worten zugeordnet sind. Aber es geht auch intuitiv. Zum Abschluss des Gebets wird kniend nach rechts und links der Friedensgruß „*as-salāmu ʿalaykum*" (Der Friede sei mit euch) gesprochen. Die Worte sind mir spätestens seit einer Ägyptenreise vor zehn Jahren bekannt, sodass ich sie mitspreche, was meiner Sitznachbarin ein freudiges Quieken entlockt (ob vor Überraschung oder unglücklicher Beto-

---

6   Chutba (arab.): Freitagspredigt. Die Chutba ist nicht unbedingt eine Auslegung von Korantexten, sondern eher eine Ermahnung des Imams in Richtung Gläubige. Es geht in der Regel um aktuelle Themen in der Gemeinde oder der Gesellschaft.

7   Perlenkette mit 33 oder 99 Kugeln. S. a. Gebet im Islam: S. 83.

nung meinerseits, bleibt mal dahingestellt). Allein durch diesen Moment fühle ich mich wohl und am richtigen Platz; während des katholischen Gottesdienstes zählt das gegenseitige Handschütteln und Frieden-Wünschen zu meinen Lieblingsmomenten.

Der vordere Männerpulk löst sich nach dem Gebet recht schnell auf, doch die Frauen und Mädchen scheinen es nicht eilig zu haben. Sie kommen auf mich zu, geben mir die Hand, während sie die andere auf ihr Herz legen. Sie lächeln, ich bekomme zwei Kinder auf den Arm gedrückt und vorsichtig ein Kopftuch umgebunden. Es ist herzlich, lustig und rührend. Ich stelle mir ein unbekanntes Gesicht in der Kirche vor und muss mir eingestehen, dass ich vermutlich verhalten lächeln und weitergehen würde. Hier hingegen werde ich wie selbstverständlich nicht nur in den Kreis aufgenommen, sondern in die Mitte gestellt. Diese Offenheit und Gastfreundschaft ist wirklich überwältigend. Wir tauschen unsere Namen aus und eines der jüngeren Mädchen erklärt mir auf Deutsch, dass viele von ihnen Syrerinnen seien und in der Unterkunft am Ende der Straße wohnen. Hab ich's doch gespürt beim Vorbeigehen … Sie seien in der Moscheegemeinschaft gut aufgenommen worden, auch wenn sie vorher keiner Ahmadiyya-Gemeinde angehört hatten. Hier hält man zusammen. Für ein Miteinander auf Augenhöhe und einen friedvollen Islam.

Ich bin noch zum Gespräch beim Imam eingeladen, der jedoch erstmal damit beschäftigt ist, Süßigkeiten an die johlenden Kinder zu verteilen. Aus der aufgeregten Traube heraus lächelt er mir zu. „Mal schauen", sagt er, „wie gut ihr die Süßigkeiten mit den anderen Kindern teilt." Da steht auch schon das erste Mädchen vor mir und hält mir einen halben Schokoladenkeks unter die Nase. Ich weiß nicht, was ich sagen soll. Mit einem breiten Grinsen nehme ich die angeschmolzene Hälfte entgegen, beuge mich zu ihr herunter und umarme sie. Da bekomme ich noch einen dicken Schokoschmatzer auf die Wange gedrückt, und die umherstehenden Erwachsenen halten sich die Bäuche vor Lachen. Nach einem Tee mit dem Imam spaziere ich mit Rückenwind und sanftem Sonnenschein im Gesicht zurück.

3.2.2 Was ich „verstehe", wenn ich nichts verstehe. Zikir – Gottesdienst in der Nurettin-Cerrahi Tekke[1]

Ernst Keim

Im Rahmen einer von der *franziskanischen Initiative 1219.* **Religions- und Kulturdialog** organisierten interreligiösen Studienreise besuchen wir an einem Abend in Istanbul den Zikir[2] eines Sufi-Ordens. Ich spreche kein Türkisch. Und vom Sufismus[3] weiß ich, dass es sich um eine religiöse Minderheit im Islam handelt, den mystischen Zweig. Im Kopf habe ich Bilder der tanzenden Derwische[4].

Wir sind pünktlich da. Es herrscht bereits ein reges Treiben. Das Haus ist unscheinbar. Eher ein Wohnhaus als ein Gotteshaus. Schuhe ausziehen am Eingang. Frauen

---

1   Tekke (türk.): Schutzort, Rückzugsort. Zentrum eines Sufi-Ordens.

2   Zikir oder Dhikr (arab.) = Gedenken. Es handelt sich um einen Gottesdienst, der dem Gottesgedenken und der Vergegenwärtigung Gottes dient. Er ist neben dem rituellen Gebet (Salāt) und dem Bittgebet (du'ā'), die dritte Form des muslimischen Gebets. Vgl. S. 98 f.

3   Sufismus ist die Sammelbezeichnung für verschiedene mystische bzw. asketische Strömungen im Islam, die oft als Ordensgemeinschaften bzw. Bruderschaften unter der Leitung eines geistlichen Meisters (Sheik) organisiert sind. Schon zur Zeit Muhammads gab es Muslime, die aus Gottesliebe und Gottessehnsucht streng fasteten, häufig meditierten, wenig schliefen und das nächtliche Gebet vollzogen. Sufismus ist eine Spiritualität oder sogar Lebensform, mit der man über verschiedene Entwicklungsstufen zu Gott gelangt. Ausdruck findet der Sufismus in wunderbarer Poesie, theologischen Abhandlungen und verschiedenen Formen des Gottesgedenkens in Musik, Wort oder Bewegung. Im orthodoxen und streng konservativen Islam ist der Sufismus umstritten, da Musik und Tanz als unislamisch gelten.

4   Derwisch (persisch.) oder faqīr (arab.): Armer, Bettler. Mitglied eines Sufi-Ordens, der die Versenkung in Gott und das Gottesgedenken durch den sema, einen (Dreh-)Tanz, praktiziert.

nach oben auf die Empore, Männer gehen durch mehrere Räume, in denen viele Männer angeregte Gespräche führen. Die Atmosphäre ist entspannt, ich bin verspannt. Ich halte Blickkontakt zu den mir bekannten Gesichtern meiner Gruppe. Wir werden in die Gottesdiensträume geführt und nehmen auf bequemen Sitzkissen Platz.

Der erste von zwei Räumen ist gut gefüllt mit Männern jeden Alters, viele mit einer weißen Kopfbedeckung[5], die in Meditationshaltung auf dem Boden sitzend ins stille Gebet versunken sind. Diesen Raum können die Frauen, selbst den Blicken der Männer entzogen, von der Empore aus einsehen.[6] Da wäre ich jetzt lieber: das Geschehen von außen beobachtend und nicht mitten drin sein.

Wir sitzen in einem zweiten Raum. Durch eine große Tür und Sichtfenster ist dieser mit dem ersten Raum verbunden, in dem eine Nische die Gebetsrichtung Mekka anzeigt. Die Wände sind voll behängt mit Bildern von Männern, ungewöhnlich im ansonsten eher bilderarmen Islam. Auch einige arabische Schriftzeichen schmücken die Wände. Der Boden ist mit schönen Teppichen ausgelegt. An den Wänden gibt es Sitzkissen und niedrige Sitzmöglichkeiten. Am Ende des zweiten Raumes steht ein erhöhter Sitz, roter Samt, breite Armlehnen, gemütliche Kissen.

An den Wänden sitzen eher ältere Männer in leise Gespräche vertieft, im Kor'an lesend, oder vor sich hindösend.

---

5 Takke, Gebetsmütze. Das Tragen eine Gebetsmütze ist im Islam anders als im Judentum (Kippa) nicht zwingend vorgeschrieben und wird unterschiedlich begründet: Nach der Überlieferung soll Muhammad seinen Kopf beim Gebet bedeckt habe. Es ist ein Zeichen der Zugehörigkeit zum Islam oder die Andeutung einer Krone, die die Würde des Menschen betont oder ein Schmuckstück, weil Gott erwartet, dass die Menschen in ihrem schönsten Kleid zum Gebet kommen.

6 Später erfuhr ich allerdings, dass auch die Frauen nichts sahen.

Immer wieder kommen und gehen Männer, mit einer leichten Verbeugung, die Hand am Herzen, die Anwesenden begrüßend. Dies ist das Szenarium der nächsten Stunde. Ich entspanne mich.

Wir werden gebeten, den Sitzplatz zu wechseln und neben dem erhöhten Sitz am Raumende Platz zu nehmen. Dies ist notwendig, denn jetzt füllt sich der Raum sehr schnell. Das rituelle Abendgebet steht an. Wären wir sitzen geblieben, hätten wir mit dem Rücken zur Gebetsrichtung gesessen. Beide Gottesdiensträume sind jetzt bis auf den letzten Quadratzentimeter gefüllt. Die Gläubigen vollziehen einige rak'a[7] bevor das gemeinsame Abendgebet mit seinen rak'a vollzogen wird.

Danach beginnt der eigentliche Zikir. Er wird gestaltet von einer Instrumentengruppe mit tamburinähnlichen Instrumenten, einem/r Vorsänger(gruppe), und den Gesängen der Gläubigen. Die Gesänge sind Anrufungen Allahs und/oder des Propheten, die aus wenigen Worten, manchmal nur einer Silbe oder einem Buchstaben bestehen, die immer wieder wiederholt, mit gemeinsamen rhythmischen Körperbewegungen begleitet werden. Dies führt die Teilnehmer in eine Art Trance, die immer ekstatischer wird und plötzlich abbricht – nach kurzer Stille aber wieder zum nächsten Gesang/Anruf führt: Ektase. Stille. Ektase. Stille – in ständiger Wiederkehr[8].

---

7   Fest vorgeschriebener Ablauf von Gebeten und Gebetshaltungen. Vgl. Gebet im Islam: S. 83.

8   Die Islamwissenschaftlerin Annemarie Schimmel schreibt dazu: „Der dhikir [Zikir] wurde ausgelegt als das Polieren des Herzens. Man stelle sich das Herz wie einen Spiegel vor, und man weiß ja, dass die Spiegel früher aus Stahl waren: Je mehr man das Herz mit der religiösen Wiederholung von Formeln beschäftigte, desto reiner wurde es und konnte dann am Ende wie ein Spiegel die göttliche Schönheit in sich aufneh-

Dieser Teil der Feier dauert ca. eine Stunde, geht dann in den „Tanz der Derwische" über. Einige der Teilnehmer verabschieden sich zu diesem Zeitpunkt. Während der erste Teil im Sitzen vollzogen wurde, stehen die Teilnehmer jetzt auf und beginnen im ersten Raum im Kreis zu gehen. Der Tanz wird ebenfalls von den Instrumenten und den Gesängen der Teilnehmer begleitet. Da ich ganz am Ende des zweiten Saales sitze, kann ich angenehm zuhören, aber leider wenig sehen. Auf der Empore bei den Frauen wäre ich jetzt besser platziert.

Nach ca. 45 Minuten werden neben mir bei dem erhöhten roten Sitz Vorbereitungen getroffen: Kekse, Obst, Feuerzeug und Zigaretten werden bereitgestellt. Der Tanz endet abrupt, einige gehen, die Gemeinde dreht sich um 180 Grad, eine Gasse wird gebildet für den Scheich, den geistlichen Leiter des Ordens, der auf dem erhöhten Sitz Platz nimmt. Wo bisher hinten war, ist jetzt vorne. Der Raum füllt sich, kein Quadratzentimeter Platz mehr auf dem Boden. Der Scheich nimmt das Mikrofon und beginnt, wie ich vermute, eine Lehrrede – ich assoziiere Predigt, wenn da nicht Tee, Früchte und die Zigaretten wären. Offensichtlich fügt der Scheich ein paar Scherze in seine Rede ein, steckt sich gemütlich eine Zigarette an, nur er, – ich denke an Helmut Schmidt – und nimmt einen Schluck Tee.

Am anderen Ende des Saales betreten Männer den Raum mit Tabletts voller Teegläser. Einer balanciert durch die Teilnehmerreihen, was eigentlich wegen der vielen Menschen nicht geht, bis zu unserer Gästegruppe. Wir werden zuerst bedient. Danach erfolgt die gleiche Prozedur

men" (Schimmel, Annemarie: Im Namen Allahs des Allbarmherzigen, Düsseldorf 1996: S. 132).

mit Keksen, dann mit frischen Feigen, während der Scheich weiter seine Rede hält. Ich bin inzwischen hochgradig entspannt und könnte noch stundenlang zuhören, obwohl ich kein Wort verstehe.

Das hat dann leider ein überraschendes Ende. Die Frauen unserer Gruppe, unter denen sich auch die ortskundige Reiseleitung befand und die auf der Empore nichts von der Rede mitbekommen, wollen zurück ins Franziskanerkloster, in dem wir untergebracht sind. So müssen wir nun quer durch den Raum über alle Köpfe hinweg, ständig vom Umfallen bedroht, letztlich gestützt von den am Boden sitzenden Männern, den Raum verlassen, während alle weiter andächtig dem Scheich lauschen.

Mehr über die Sufi-Orden erfahren wir am nächsten Tag beim Besuch eines Sufi-Scheichs. Aber das ist schon wieder eine andere Geschichte. Nur so viel:

Scheich kann man nur werden, wenn man seine Abstammung in direkter Linie auf Mohammed zurückführen kann. Also Sukzession durch Geburt, nicht durch Weihe.

Im Sufismus geht es um eine intensive Lebenspraxis, die alle Bereiche des Lebens erfasst. Dabei nimmt der Scheich eine wichtige Stellung ein. Im christlichen Bereich nannte man dies wohl früher einen „Seelenführer", inzwischen wohl etwas aus der Mode gekommen.

Ein Zikir ist mehr als ein Gottesdienst. Er ist auch ein Lebens- und Lernort, Ort der Begegnung und des Austausches.

Geben Sie bei YouTube den Begriff Zikir ein, wenn Sie gerne einmal einen sehen wollen. Sie finden eine Menge Beispiele dort. Unter „nurani tv" stellt ein Sufi-Orden seinen wöchentlichen Zikir zur Ansicht. Schnell werden Sie aber auch auf harsche Verurteilungen des Sufismus treffen.

All dies kann aber das eigene Erleben und den Dialog nicht ersetzen: Also hingehen und anschauen. Muslime sind sehr gastfreundlich.

3.3 Kabbalat Schabbat – Gottesdienst mit Jazz-Einlage

Hemma Jäger

Als ich am Freitagabend am Gesundbrunnen aus der S-Bahn steige, pralle ich in das volle, sonnengetränkte Leben hinein. Der Wedding begeht den Auftakt zum Wochenende gutgelaunt und trubelig. Ich bin froh, dass ich schon nach ein paar Schritten den ruhigen, kleinen Platz vor dem Lichtburgforum erreicht habe. Kurz vor sieben betrete ich das Gebäude – und finde mich unversehens in einer Instrumentensammlung wieder. Blasinstrumente, historisch, modern, exotisch, ruhen in einem Schaukasten. In der Ecke stehen Streichinstrumente und Harfen. Gitarren verschiedenster Bauart liegen und hängen im Raum. Viel Zeit habe ich nicht, mir die erstaunliche Sammlung anzusehen, denn schon werde ich mit einem freundlichen „Schabbat Schalom" angesprochen und eingeladen in den kleinen Vortragssaal mitzukommen, der alle zwei Wochen zum Gebetsraum der jüdischen Gemeinde bet haskala wird. Vorn auf der Bühne ist ein Schrein mit einem Vorhang davor aufgebaut. Daneben steht ein strahlender siebenarmiger Leuchter mit elektrischen Kerzen. Vor der Bühne sind zwei Rednerpulte aufgestellt, verhüllt mit rotem Samt. Auf dem linken stehen zwei Kerzenständer. Die Wachskerzen sind noch unberührt. Rechts neben den Pulten fällt ein schwarzer Flügel ins Auge, der ganz offensichtlich auch benutzt werden wird – ein Zeichen für die liberale Orientierung der Gemeinde, ist die Begleitung des Gottesdienstes mit Musikinstrumenten doch nach orthodoxer Auffassung verboten. Ich setzte mich in eine der locker gestellten Stuhlreihen vor den Pulten und blättere in dem Heft, das mir beim

Betreten des Saales gegeben wurde. Es ist von rechts nach links geschrieben und enthält die Texte des Gottesdienstes – Psalmen, Hymnen, Lob- und Dankgebete – auf Hebräisch, in Lautschrift zum Mitsprechen und in deutscher Übersetzung. Allmählich füllt sich der Raum. Die Gemeindemitglieder begrüßen sich herzlich. Die Männer tragen eine Kippa. Das warme Licht und die überschaubare Größe des Raumes verleihen dem Ganzen eine familiäre Atmosphäre. Als der Gottesdienst beginnt, zähle ich fünf Männer und außer mir noch zehn Frauen. Männer und Frauen werden hier also offensichtlich gleichwertig für die Minjan gezählt. Die Musik setzt ein – und klingt ganz anders als ich erwartet hatte. Kunstvoll verbinden sich die traditionellen Melodien[1] mit der Jazzbegleitung. Der Gesang der Vorbeterin und das Klavier lassen die Stimmung der Texte lebendig werden, mal melancholisch, mal ruhig-besonnen, mal jubelnd über Gottes Gegenwart und Beistand. Die Musik lädt ein, sich ganz auf das Geschehen einzulassen und alle Gedanken an die „Welt da draußen" für den Moment aufzugeben.

Nach der Eröffnung entzündet eine Frau die beiden Sabbatlichter auf dem linken Pult und spricht den Segen. Als der Rabbi in Wir-Form vom Volk Israel vor 5000 Jahren erzählt, bekomme ich erstmals eine Ahnung von der Geschichtsschwere einer so alten Religion. Im Anschluss an die Predigt wird über ein Gemeindemitglied mit rundem Geburtstag ein Segen gesprochen. Es folgt eine lange Reihe von Psalmen und Gebeten. Manche gesprochen, die

---

1 Im Gespräch nach dem Gottesdienst erfahre ich, dass jede Gemeinde im Laufe der Zeit ihre eigene Variation der traditionellen Gesänge entwickelt. Neben diesen festgeschriebenen Melodien gibt es im Gottesdienst Gesänge, die vom Vorbeter nach bestimmten Regeln frei gestaltet werden.

meisten gesungen, einige im Stillen gebetet, manchmal im Sitzen, manchmal im Stehen. Eine besondere Klangkulisse ergibt sich, als jedes Mitglied laut für sich betet und sich die Stimmen, jede in ihrem eigenen Tempo und Rhythmus, ineinander verweben. Beim Weihelied für den Sabbat wenden wir uns zum Eingang, um die Braut Sabbat zu begrüßen – eine sehr bildliche Geste, die mir gefällt. In dem Versuch, ein bisschen mitzusingen[2], zugleich die deutsche Übersetzung zu verstehen und dabei nicht den Anschluss zu verlieren, gerät der Gottesdienst für mich zu einer Übung im Multitasking. Die spirituelle Dimension rückt dadurch etwas Hintergrund. Ein Übriges trägt die Unruhe in der Gemeinde bei. Immer wieder wird getuschelt, organisiert, gescherzt. In dieser freundlich-entspannten Atmosphäre, die nicht zwingt und nicht überwältigt, drückt sich ein anderes, vielleicht vertrauteres Verhältnis zu Gott aus, als ich es aus christlichen Gottesdiensten kenne. Die Feierlichkeit des Moments ruht mehr in den Texten und erfasst mich, als ich mir die Zeit nehme, einen Psalm still für mich zu lesen. Was für eine prächtige Sprache! Mit größter Klarheit fassen diese jahrtausendealten Texte die Grundkoordinaten menschlichen Seins. Sie strahlen Kraft und Würde aus und sind ein beeindruckendes Zeugnis für die Verbundenheit des Volkes Israel mit seinem Gott.

Nach dem Gottesdienst werde ich eingeladen, zum Kiddusch zu bleiben. Wir begeben uns in den Raum mit den zahlreichen Instrumenten. Inzwischen ist dort ein kleines Buffet aufgebaut mit Kuchen, gebratenem Gemüse, Brot und Salat. Mir wird ein kleiner Becher mit Wein

---

2   In dem Gebetsheft sind keine Noten abgedruckt. Man kann die Melodien nur wie von jeher durch mündliche Tradition lernen.

gereicht. Auf einem weiteren Tisch stehen zwei Brotlaibe, genannt Challoth, eine Wasserkanne und eine Schale bereit. Der Rabbi wäscht sich die Hände, spricht den Segen und schneidet das Brot in Scheiben. Mit Salz bestreut wird es auf einem Tablett herumgereicht. Beim Kiddusch wird besonders augenfällig, wie sehr das Christentum mit dem Judentum verbunden und zugleich davon unterschieden ist. Denn anders als bei ersterem, bin ich hier als Gast herzlich eingeladen mitzutrinken und zu essen. Eine Weile stehen wir noch in losen Gruppen zusammen, die Tür zum Lichtburgforum, an diesem Freitagabend nicht Klingendes Museum, sondern Synagoge, steht weit offen. Wir unterhalten uns und genießen den lauen Sommerabend. Nebenbei erfahre ich, dass hier die Jazzband „Sound of Bet Haskala" ihren Ursprung hat, was denn auch die musikalische Eindringlichkeit der Gottesdienstmusik erklärt. Schließlich verabschiede ich mich und mache mich auf den Weg nach Hause, im Gepäck einen frisch gedruckten Kalender für das Jahr 5779 und die Erinnerung an eine fröhliche, noch lange nachwirkende Sabbatfeier in einer ausgesprochen gastfreundlichen und offenen Gemeinde.

3.4 Zu Besuch bei der Sikh-Gemeinde im Gurdwara Sri Guru Singh Sabha Berlin

Michael Bäumer

Es ist Sonntag, 13.30 Uhr. In dreieinhalb Stunden wird Deutschland sein erstes Spiel bei der Fußball-Weltmeisterschaft 2018 bestreiten. Im Gemeindehaus der Sikhs, dem Gurdwara, ist schon das Mitführen von Tabak, Alkohol und Drogen verboten. Also suche ich mir einige Meter vor dem Gebäude ein Versteck für meine Zigaretten.

Junge und ältere Männer mit Turban oder Tuch als Kopfbedeckung begrüßen mich freundlich und bieten mir an diesem warmen Tag gekühlte Milch mit Rosenblättersirup an. Zwei verschiedenfarbige Tücher zieren ihren Stand: orange steht für Empathie und blau für Reinheit. Dann passt es ja, dass ich heute ein blaues Hemd trage. Auf dem Hof des Gurdwara weht eine Flagge, der Nishan Sahib. Auf gelbem Grund zeigt sie das Symbol der Sikhs, das zweischneidige Schwert.

Schon begrüßt mich meine Gastgeberin Ranjit und führt mich zunächst in die Garderobe, wo ich meine Sandalen ausziehe. Aus Respekt vor dem heiligen Buch der Sikhs, dem Guru Granth Sahib, dürfen die geweihten Räume nur mit Kopfbedeckung betreten werden. Daher lasse ich mir von Ranjit kunstvoll und geschickt ein Kopftuch binden.

Der Gebetsraum ist angenehm hell und ohne Bilder gestaltet. Mit weichem Teppich ausgelegt wird er durch einen roten Läufer in zwei Hälften geteilt. Links sitzen die Männer, rechts die Frauen zumeist im Schneidersitz. Gelegentlich kommen auch Kinder hinzu, die sich mal zu ihren Vätern, mal zu ihren Müttern setzen. Der Läufer endet an einem zweistufigen Altar, dem Palki. Auf dessen oberer Ebene liegt unter einem Baldachin der Guru Granth Sahib, eingehüllt von farbenprächtigen Tüchern. Der Priester schlägt zur Andacht scheinbar willkürlich eine Seite des heiligen Buches auf und gibt diesen Text als Tageslosung aus. Aus Respekt wird dem heiligen Buch mit einem großen bunten Fächer immer wieder kühle Luft zugewedelt. Die untere Ebene ist mit bunten Plastikblumen geschmückt. Auf Nachfrage erfahre ich, dass auch natürliche Blumen genutzt werden. Zudem finden sich hier mehrere Symbole: zum einen das Schriftzeichen Ek Onkar, was „Es gibt nur einen Gott" bedeutet, zum anderen das Khanda, ein zweischneidiges Schwert. Außerdem befinden sich hier Armreife und Säbel.

Die Predigt ist auf Dauer etwas anstrengend, da sie auf Punjabi vorgetragen wird und ich kein Wort verstehe. Auffallend ist, dass vereinzelt immer wieder Teilnehmer den Raum verlassen und andere hinzukommen. Die Kommenden gehen in der Regel bis zum Palki vor, verneigen sich und legen teilweise Geld in eine Sammelbox. Niemanden scheint die Fluktuation zu stören.

Angenehm, weil melodisch und vielstimmig, wird die Versammlung, als aus dem Guru Granth Sahib rezitiert wird. In das Singen stimmen alle ein, ohne ein Gebetsbuch oder ähnliches nutzen zu müssen. Jetzt fühle ich mich dezent erinnert an das gemeinsame Rezitieren in meiner buddhistischen Gemeinde. Nach Beendigung des liturgischen Teils wird süßer Teig verteilt – direkt in die geöffneten Hände aller Anwesenden. Lecker, aber klebrig. Gut, dass ich mir kurz darauf die Hände waschen kann. Denn nun möchte mir Ranjit das heilige Buch zeigen. Dieses ist jedoch schon wieder eingehüllt und die Priester verweigern eine Enthüllung. Vielleicht vermuten sie eine Zurschaustellung: Das kann ich akzeptieren. Stattdessen wird mir der Schlafraum des Guru Grant Sahib gezeigt. Tatsächlich befindet sich dort ein Bett mit Laken, in das das heilige Buch jeden Abend gebracht wird.

Nach der Zeremonie geht es in den Langar, den Essensraum mit angeschlossener Küche. Bereits vormittags bereiten hier junge Männer die vegetarischen Speisen zu und geben diese auch aus. Ebenso wie im Gebetsraum sitzen auch hier Männer und Frauen getrennt. Schnell komme ich ins Gespräch mit einigen neben mir sitzenden Männern und erfahre, dass der Großteil der Berliner Gemeinde bereits in eine Sikh-Familie geboren wurde. Die getrennte Sitzordnung sei nicht aus Indien übernommen, sondern hier trotz anderer Entwürfe etabliert worden. Ganz entspannt reden wir über Gott, Buddha und Fußball.

Männliche Sikhs tragen nach ihrer Initiation die fünf K's als identitätsstiftende Merkmale:

- kesh: ungeschorenes Körperhaar (Respektsbekundung für die Schöpfung, d. h. ein Sikh lehnt sich nicht gegen die Naturgesetze auf, die Gott erschuf) und Turban (dastar),
- kangha: hölzerner Kamm zur Pflege,
- kara: eiserner oder stählerner Armreif,
- kirpan: Dolch oder Schwert zur Selbstverteidigung; symbolisiert die Pflicht eines Sikhs, sich für die Notleidenden und Unterdrückten einzusetzen; steht synonym für die Zerstörung von Unwissenheit, Ignoranz, Unrecht und Unterdrückung,
- kaccha: alltagstaugliche Baumwollshorts; später Zeichen der ehelichen Treue und Lustkontrolle.

Beim Essen spreche ich einen jungen Mann auf seinen Dolch an, der ihn als vollwertiges Mitglied auszeichnet. Lächelnd erklärt er mir, dass es keinen festen Zeitpunkt für die Initiation gibt. Entscheidend ist nur die innere Bereitschaft, sich ganz dem Sikh-Glauben hinzugeben. Diese Einstellung gefällt mir.

Nach dem Essen erklärt sich ein älterer Mann bereit, mir das heilige Buch zu zeigen. Der Versammlungsraum ist immer noch gut gefüllt. Jetzt aber finden lebhafte Unterhaltungen, wieder getrennt nach Männern und Frauen, statt. Viele Kinder laufen hin und her.

Nach einer Verbeugung wird das Tuch über dem Guru Granth Sahib zurückgeschlagen. Das großformatige und 1430 Seiten starke Buch beeindruckt mit großen Lettern und reichlich Verzierung. Ich erfahre, dass es aus 31 Ragas (klassische indische Gedichtsform) besteht, die bis zum 18. Jahrhundert von insgesamt 36 erleuchteten Personen komponiert wurden: Sikh-Gurus, Hindu-Heilige und muslimische Sufis. Nach dem Tod des letzten Gurus 1708 wurde der Guru Granth Sahib zu seinem spirituellen Nachfolger bestimmt: dem elften und ewigen Guru der Sikhs. Erfreulicherweise wird mir nun die Tageslosung nicht nur vorgelesen, sondern auch übersetzt.

Ich werde darauf hingewiesen, dass es beim Gebet nicht so sehr um die Anrufung einer höheren Macht geht, sondern vielmehr um die Verbindung mit dem Göttlichen. Daraus soll sich dann die Ethik für das tägliche Leben ableiten. Sikh bedeutet Schüler. Auch in meiner buddhistischen Gemeinschaft wird die Bedeutung eines stetig suchenden Geistes betont. In der Vorbereitung auf diesen Besuch fiel mir sofort ins Auge, dass die Sikhs gleichlautende Nachnamen tragen: Singh und Kaur. Löwe und Prinzessin – so die Übersetzung – wurden als Zeichen der Ablehnung des indischen Kastensystems eingeführt, drücken aber auch die Geschwisterlichkeit aus.[1] Diese kann ich bei meinem Besuch ebenso erleben wie die Offenheit für Gäste.

Gegen 15.45 Uhr verabschiede ich mich von dieser lebendigen und herzlichen Gemeinschaft und bedanke mich für die Gastfreundschaft.

---

1 Eine ausführliche Darstellung der Sikh-Religion anhand der Beschreibung eines Gottesdienstes und des Gurdwaras in Berlin findet sich in: Schimmel, Thomas M.: Haus der Gurus – Das Gurdwara der Sikhs, in: Kreutziger-Herr, Annette/Schimmel, Thomas M. u. a. (Hg.): Jeder nach seiner Façon – Vielfalt und Begegnung der Religionen in Berlin, Berlin 2015, S. 101 ff.

3.5 Shree Swasthani Bratha Katha – Fest in den Bergen Nepals

Fine Arndt

Die Ankunft

Ich war gerade ein paar Tage in Kathmandu, Nepal, als eine Freundin mich einlud, sie in das 200 km entfernte Bergdorf Bethali zu begleiten. Ein Einheimischer hatte dort eine Art Festival über einen Monat vorbereitet. Da gab es Workshops über naturnahe Landwirtschaft, Nepali- und Yoga-Unterricht sowie Bastelangebote. Am nächsten Tag machten wir uns auf den Weg, neun Stunden lang mit dem Bus über Serpentinenstraßen immer höher hinauf auf den Himalaya.

So kam ich durch Zufall und völlig unvorbereitet zu einem zweiwöchigen traditionellen Hindu-Fasten, allgemein bekannt unter dem Namen der Göttin, der gehuldigt wird, Swasthani. Das *Swasthani-Bratha-Katha-Festival* ist traditionell in Nepal weit verbreitet, in Indien aber unter Hindus weniger bekannt.

Die Göttin *Swastani* ist dem Glauben nach die erste Frau *Shivas*, die sich aus Rache und Scham ins Feuer stürzte. Durch das Fastenritual hoffen gläubige Hindus, ihr Wohlgefallen zu erlangen und von ihr alle guten Wünsche erfüllt zu bekommen.

Es sind hauptsächlich Frauen, die jedes Jahr und oft bis ins hohe Alter einen Monat lang fasten, da dies Zusammenhalt und Harmonie in der Familie stärken soll. Als besonders wichtig wird das Fasten bei jungen Frauen angesehen, denn *Swasthani* soll für einen guten Ehemann sorgen.

Das Feuer

Bei meiner Ankunft fielen mir zuerst die bunten *Tikas,* ähnlich den traditionellen roten Punkten der Hindus, auf den Stirnen auf, dann wurde ich schnell auf den besonderen Charakter des wärmenden Lagerfeuers aufmerksam gemacht. Fünf schmale Bambusstämme waren durch ein Geflecht von Seilen verbunden – diese wiederum durchwoben mit trocknenden Blättern und Blüten – und umgaben eine gemauerte Feuerstelle. Hindus glauben, dass das Feuer für die Zeit des Fastens heilig ist und von Shiva bewohnt wird. Wie in Tempeln müssen also die Schuhe abgelegt werden, sobald man sich ans Feuer setzt. Weder durch Müll noch durch Essen darf die Stelle verunreinigt werden und vor allem darf die Glut einen ganzen Monat von Vollmond bis zum nächsten Vollmond nicht verlöschen.

Während meiner gesamten Zeit in *Bethali* saß immer irgendjemand am Feuer, machte Musik, blickte in die Flammen und wärmte sich die Hände (im Februar ist es sehr kalt dort in den Bergen). Oft verbrachten wir in den nächsten Wochen die Nächte gemeinsam ums Feuer versammelt in Gespräch oder Meditation und schliefen dort unter freiem Sternenhimmel.

Die erste Puja

Am nächsten Morgen durfte ich zum ersten Mal an der *Puja* teilnehmen, der morgendlichen Zeremonie, zu der einen Monat lang jeden Tag der *Guru* (der lokale Priester) kam. Wer fastet, darf vor der Zeremonie nicht essen und muss den Körper reinigen. Sobald der *Guru* alle nötigen Dinge für die Zeremonie erhalten und entsprechend vorbereitet hatte (z. B. Reis mit rotem Farbpulver, rotes und gelbes Pulver für Tika anrühren, Blumen und Blätter, Milch und Wasser als Opfergaben, *Prasad)*, blies er auf einer großen Muschel. Weit über unser Tal hinaus verbreitete sich mit der aufgehenden Sonne der tiefe Klang des Muschelhorns über die Berghänge. Sobald der Klang ertönt, wird alles Tagewerk stehen und liegen gelassen und auch wer nicht fastet, versammelt sich nahe dem heiligen Feuer in Hörweite des Gurus. Das rituelle Fasten kann nur einmal im Jahr in einem einzigen, nach dem Mondkalender bestimmten Monat stattfinden, und es ist die einzige Gelegenheit, bei der die Geschichten aus dem *Swasthani*-Buch gelesen werden. Oft kamen uns auch Nachbarn besuchen, tranken *Chai* (Gewürztee, der in Asien getrunken wird), beobachteten die Zeremonie und lauschten den Geschichten.

Nachdem der *Guru* uns also mit seinem Muschelhorn zusammengerufen hatte, begann er zu singen. Vor jeder Zeremonie und jedem Gebet muss erst *Ganesha*, dem elefantenköpfigen Sohn *Shivas,* gehuldigt werden und so wurden Reiskörner auf eine bemalte Kokosnuss neben dem heiligen Feuer geworfen. Unterstützt vom Oberhaupt der Familie ehrte der Priester anschließend Gott *Shiva*, indem er einen aufrecht stehenden ovalen Stein, den *Shiva Lingam*, der das mächtige Geschlecht des Gottes symbolisiert, mit Wasser oder Milch übergoss und mit Blumen bestreute. Anschließend wurde erst aus dem heiligen Buch gelesen, dann wurden Blumen und gefärbte Reiskörner ums Lagerfeuer verteilt, die wir dann den neun Planeten und verschiedenen Göttern opferten, indem wir sie nach und nach ins Feuer warfen.

Um die Zeremonie zu beenden, wurde gesungen und musiziert. Dabei spielen vor allem die Muschel, die *Da-*

maru, Shivas traditionelle Trommel, bestehend aus zwei halben Kugeln, bespannt mit der Haut eines Tigers oder Leoparden, und Glocken eine wichtige Rolle. Die Musik ist unmelodisch und hat keinen durchgängigen Rhythmus, wodurch sie für europäische Ohren anfangs etwas unangenehm ist. Dann aber spielen sich alle an der Zeremonie Beteiligten in einen nahezu tranceartigen Zustand, in dem die Geräusche zu einem einzigen Laut verschwimmen, bevor der Guru die Zeremonie beendet. Danach war ich immer euphorisch und fühlte mich kraftvoll, irgendwie erleichtert. Zum Abschluss bekommt jeder *Prasat*, eine süße Opfergabe, meist rohen Zucker oder Früchte. Er teilt quasi mit dem Gott. Anschließend wird dem hinduistischen Glauben nach das dritte Auge gespeist, indem der Priester allen Anwesenden eine *Tika* auf die Stirn malt, in diesem Fall eine bestimmte Form in rot und gelb, die nur anlässlich dieser Zeremonie verwendet wird. Von weither ist für Hindus also ersichtlich, dass diese Person heute an einer *Swathani-Puja* teilgenommen hat und wahrscheinlich rituell fastet.

Am ersten Tag war mir alles sehr fremd. Die Farben, die Klänge, die Sprache gefielen mir, aber eine Stunde am rauchigen Feuer zu sitzen und Worten zu lauschen, die man nicht versteht, kann auch zur Geduldsprobe werden. Und dann erst all die verwirrenden Regeln! Die Schuhe hatte ich ja schon ausgezogen, aber dann auch bitteschön nur rechts herum ums Feuer, die Handvoll Reiskörner in neun Etappen ins Feuer werfen und – oh Schreck, schockierte Blicke – die *Prasat*, Gaben, die man nach einer Zeremonie z. B. in Form von Süßem oder Obst empfängt, niemals mit der linken Hand entgegennehmen.

Ich hatte das Gefühl, von einem Fettnäpfchen ins nächste zu treten und konnte nicht verstehen, dass den gläubigen

Hindus so viel daran lag, dass auch ich als Nicht-Hindu all die Gaben zur richtigen Zeit empfing und darbrachte.

Liebevoll und geduldig wurden mir Regeln wieder und wieder erklärt, die heiligen Texte erläutert, Lieder und Mantras übersetzt, und wenn es mir dann gelang, die richtige Formel im richtigen Moment zu sagen, erntete ich ein strahlendes (wenn auch oft zahnloses) Lächeln.

Wenn ich nach dem Sinn einer bestimmten Regel fragte, wurde mir zwar oft gesagt, dass seien nichts weiter als Traditionen, teilweise nicht sinnvoll oder ernst zu nehmen, aber man mache es eben so. Dennoch freute ich mich von Tag zu Tag mehr auf die *Puja*, die Vertrautheit der Abläufe, Formeln und Gesten.

Die Geschichten über *Shiva* und seine Frau *Parvati*, über Kriege und Intrigen, über Proben und Liebesabenteuer sind komplex und faszinierend. Gemeinsam rätselten wir jeden Tag, wie es wohl weitergehen könnte. Die Kapitel des heiligen Buches waren dabei aber nicht immer logisch und zusammenhängend. Oft quollen sie nur so über vor mythologischen Begriffen, Namen und Orten.

Immer wieder drängte sich mir der Vergleich zur griechischen Sagenwelt auf. Die hinduistischen Götter hatten in den Geschichten eine ähnliche Menschlichkeit, sie waren stark, aber nicht allmächtig, ließen sich oft von Gefühlen und Impulsen leiten. So reißt z. B. Gott *Shiva* seinem Sohn *Ganesha* zornig den Kopf ab, als dieser ihn nicht eintreten lässt. Als er dann erfährt, wen er da enthauptet hat, befiehlt er eilig seinen Dienern, den Kopf des nächsten Tieres, das sie finden, zu bringen und verpasst *Ganesha* damit seine großen Ohren und seinen Rüssel[1].

---

1 Das nächstbeste Tier war ein Elefant.

Ganz natürlich begann auch ich, nach wenigen Tagen an dem Fasten teilzunehmen. Wir waren drei junge Leute, die das machten und hatten eine ganze Reihe spezieller Regeln zu befolgen: Außer an der *Puja* teilzunehmen, mussten wir vor allem darauf achten, nicht unrein zu werden, indem wir ein Glas oder einen Teller teilten oder abgepacktes Essen zu uns nahmen. Im Rahmen des Fastens verzichteten wir außerdem auf Alkohol, Zigaretten, Fisch und Fleisch sowie auf Eier. Außerdem gab es für uns nur eine warme Mahlzeit am Tag, meist gegen Mittag leckeres nepalesisches *DalVat* (Reis mit Linsensuppe). Manche der Mitfastenden hatten z. B. abends sehr mit dem Hunger zu kämpfen, ich hingegen fühlte mich leicht und gleichsam befreit. Es fühlte sich gut an, Teil der Gemeinschaft zu sein, wir alle teilten für ein paar Wochen eine gemeinsame Erfahrung, und die Einheimischen lernten schnell, mit wenigen Worten mit uns zu scherzen und nahmen uns bei sich auf.

Trotzdem empfand ich es immer wieder als frustrierend, während der Zeremonien so wenig in Aktion treten zu können, ein Mitsprechen war z. B. nicht möglich. Auch wurden Formeln und Rituale Tag für Tag exakt gleich wiederholt, was schnell eine Vertrautheit schuf, aber auch eine gewisse Monotonie. Während ich gleichzeitig in mir eine tiefe Resonanz in Bezug auf die Riten spürte und ihre Natürlichkeit und Ursprünglichkeit mich tief berührten, spürte ich doch auch einen Widerstand in mir gegen die Rohheit der Gesten. Das Übergießen des *Shiva Lingams* mit Milch erinnerte mich entfernt an Blutopfer. Und dem Feuer Speiseopfer darzubringen, widerstrebte mir zutiefst. Aus einer europäischen Tradition kommend, in der auch Religiosität weitestgehend rationalisiert ist, hatte ich Schwierigkeiten, mich der Musik, dem Trancezustand und dem rhythmischen Rezitieren von Mantras hinzugeben. Auch die wichtige Rolle, die das Rauchen von *Ganja*[2] in der Ausübung des hinduistischen Glaubens spielt, konnte ich nur schwer akzeptierten. Diese Menschen wollten ihren Gott spüren und nicht verstehen, sie suchten weniger nach Antworten als nach Empfindungen. Auch habe ich die Gläubigen dort nicht als kritisch erlebt. Sie akzeptieren die Glaubenslehren als Lebenswahrheiten und sind so wenig von der modernen Welt beeinflusst, dass für sie dadurch auch keine Konflikte entstehen.

Die Abschluss-Zeremonie

Der Fastenmonat endete mit dem neuen Vollmond, und zu diesem Anlass hatten wir alle Nachbarn und Bekannten eingeladen. Schon früh am Morgen saßen alte Frauen am Feuer und halfen uns, alles mit Blumengirlanden zu schmücken. Musik und Tanz füllten den Tag von den frühen Morgenstunden bis spät in die Nacht. Wir durften den ganzen Tag über nichts essen und waren trotzdem voller Tatendrang. Alle waren froh und irgendwie erleichtert, es geschafft zu haben, und gespannt auf den Abend, wenn um Mitternacht dem Glauben nach die Göttin *Swasthani* persönlich erscheinen und jedem einen Wunsch erfüllen würde. Am Nachmittag begann die letzte *Puja*, die mehr als drei Stunden dauern sollte und während derer der *Guru* neben dem Feuer eine zweite Bambuskonstruktion für die Göttin errichtete, einen heiligen Bereich, ihr vorbehalten, in den wir Essensopfer stellten. Unzählige Male mussten wir das Feuer umrunden, Rauchopfer darbringen und beka-

---

2 Marihuana.

men Segensbändchen um die Handgelenke gewickelt, Blumengirlanden um den Hals gehängt.

Jeder von uns musste 108 *Rotis* machen, flüssiger Teig in Fett gebacken. 100 davon wurden der Göttin dargebracht und von allen gemeinsam anschließend verspeist, die restlichen acht durften wir Frauen entweder einer besonderen Person wie dem Ehemann, Sohn, Bruder oder Vater schenken oder, wie die Männer, dem Fluss übergeben, der sie dann dem Glauben nach zu unserer besonderen Person bringen würde. Unsere Besucher schienen wenig an der Zeremonie und der Präsenz der Göttin interessiert, vielmehr wollten sie in Kontakt mit uns Ausländern treten, unsere *Rotis* kosten, tanzen und singen. Vor allem die jungen Männer hatten inzwischen gehörig dem *Roxi*, selbstgebranntem Alkohol, zugesprochen, und als, wie auf Bestellung, gegen Abend der Strom ausfiel, wurden die Tänze immer wilder und ausgelassener, die Gesänge lauter. Für mich hatte die Feuerstelle damit ihren sakralen Charakter verloren, die heilige Zeremonie ging nahtlos in einen geselligen Abend im Kreise der Dorfgemeinschaft über.

Kurz vor Mitternacht fanden es alle an der Zeit, nach Hause zurückzukehren, und nunmehr zu fünft wachten wir die ganze restliche Nacht am Feuer und gingen erst zu Bett, als der Vollmond im Westen unterging und die Sonne gleichzeitig ihre Strahlen von Osten her über die Baumwipfel schickte.

Im Nachhinein verschwimmt dieser ganze letzte Tag als ein Rausch von Farben, Gesichtern und Tönen in meiner Erinnerung. Der Einbruch der Normalität nach Wochen voller Einkehr und Bewusstheit war schmerzhaft, und doch bin ich voller Dankbarkeit für das Erlebte. Nach der langen Vorbereitungszeit war ich an diesem letzten Tag besonders empfänglich für all die ungesagten (oder in einer mir nicht verständlichen Sprache gesagten) Botschaften, die an mich herangetragen wurden.

Zwei Tage später reiste ich zurück nach Kathmandu, um Freunde zu treffen. Als ich begann, von den letzten Wochen zu berichten, sahen sie mich immer nur mit großen Augen an. Erst da wurde mir bewusst, wie exotisch das alles für sie klingen musste und wie sehr ich mich an all die Regeln und Rituale gewöhnt hatte. Auch jetzt noch fühle ich mich in hinduistischen Zeremonien, wo auch immer sie abgehalten werden, immer ein wenig zuhause – Worte, Gesten und Gesänge sind mir vertraut geblieben.

Während der ganzen Zeit des Festes saßen immer Menschen am Feuer: miteinander redend, singend, meditierend. (Foto: Fine Arndt)

3.6 „Wenn du nicht verstehst, dann stehe auf und höre. Wenn du nicht siehst, dann erhebe dich und schau." – Ahnenkult und Trancegebet bei den Tallensi in Nord-Ghana

Volker Riehl

Das Volk der Tallensi im Norden Ghanas hat uns sehr fremd anmutende religiöse Praktiken. Eines ist das Trancegebet, mit dem der *Bakologdaan* Kontakt mit den Ahnen aufnimmt.

Zur Ethnie

Die Tallensi, eine Ethnie von heute ca. 200.000 Menschen, die in der Upper-East-Region von Ghana auf einem Gebiet vergleichbar der Größe von Berlin leben, sind sesshafte Ackerbauern. Das Klima in Nord-Ghana ist semiarid, und es gibt eine Regenzeit von April bis August.

Das politische System der Tallensi ist herrschaftsfrei (akephal) und hat keine zentrale, permanente politische Institution (Segmentarität). Es gibt keine Über- oder Unterordnung von Gruppen oder Individuen und keine permanente, vererbbare politische Macht in Form von politischen Zentralinstanzen in personeller und institutioneller Form.

Die Tallensi vereinen sich anlassgebunden zu Clanverbänden (Jagd, Ernte, Feste etc.). Fehlt der Grund der temporären Union fallen die Clans wieder in ihre autonomen politischen Einheiten zurück. Die zahlenmäßig höchste Einheit ist eine temporäre Festgemeinde (Amphiktyonie) von mehreren 10. 000 Menschen.

Die politische Dimension von Verwandtschaft und die höchste permanente Form des politischen Willensbildungsprozesses manifestieren sich in den Clans (maximal lineages, einige hundert bis ca. 1000 Menschen), die sich auf einen mythischen Urahn berufen und exogam sind, d. h. Angehörige des Clans heiraten Partner aus anderen Clans.

Die Tallensi verstehen sich patrilinear (d. h. die Abstammungsfolge folgt der Linie des Mannes) und polygam. Männer sind politisch aktiv, während Frauen einen größeren Beitrag zum Unterhalt der Familie als Männer leisten und den Markt und Handel des informellen Sektors dominieren. Die geschlechtliche Arbeitsteilung findet sich auch in der Landwirtschaft (Frauen säen, Männer jäten, Frauen ernten) und im Erbrecht (Männer erben).

Zum Zusammenhang

Der Konsultation eines Wahrsagers geht immer ein negatives persönliches oder gesellschaftliches Ereignis voraus. Hier: Ein Mann ist verstorben. Dies kann nie grundlos geschehen. Im okzidentalen Kulturbereich suchen wir meist nach medizinischen Ursachen. Im Sahelgebiet Afrikas, in dem der Ahnenkult vorherrscht, ist der Tod immer im Jenseits der Ahnen ausgelöst worden. Im vorliegenden Fall wurde die Ahnin hinsichtlich Opfergaben vernachlässigt und hat den Tod ihres Nachkommen herbeigeführt. Eine Ungerechtigkeit auf Erden war Auslöser für eine Entscheidung im Jenseits, diese zu vergelten. *„Tit for tat"* (*„Wie du mir, so ich dir"*) zwischen den Welten. Der Wahrsager fand heraus, dass der Grund für die Vernachlässigung der schnöde Geiz des wohlhabenden Nachfahren war.

Durch den daraus verursachten Tod eines Menschen geht das Gleichgewicht zwischen transzendenter und terrestrischer Welt verloren. Der Grund des Ungleichgewichts wird durch den Bakologdaan im Gebet benannt und damit der Handlungsvorschlag, um das Gleichgewicht wieder herzustellen, benannt. Die Opferungen am weiblichen Schrein werden in diesem Falle durchgeführt – sind aber grundsätzlich freiwillig. Durch die Interaktion zwischen Ahnen und Lebenden folgt die Wiederherstellung des Gleichgewichts. Der Bakologdaan agiert nachweislich friedensfördernd.

In Trance kommuniziert der „Wahrsager" mit den Ahnen, um von ihnen den Grund für das Ungleichgewicht zu erfahren (s. Foto 3). Dazu werden eine Reihe von Utensilien (Knochen, Tuchfetzen, Garnrollen etc.) auf den Boden ausgeschüttet (s. Foto 1). Der Wahrsager hat ein direktes Gegenüber. Beide halten einen 50 cm langen hölzernen Stab mit Metallspitze locker in der Hand, der eine an der Spitze, der andere unten. Während der Trance, in die sich der Bakologdaan mit Hilfe einer Kürbisrassel versetzt, bewegt sich der Stab auf unterschiedliche Gegenstände zu, die für einen Kausalzusammenhang stehen.

Foto 1: Wahrsageobjekte (Foto: Christiane Averbeck)

Verifiziert wird die Vorauswahl sogleich mit einem „Ja“, dem dreimaligen Schlagen des Stockes oder einem zweimaligen „Nein“. Endgültig wird dann die Aussage des Grundes des Todes mit dem Huhnorakel verifiziert. Landet das geopferte Tier auf dem Rücken, hat der Wahrsager den Willen der Ahnen richtig gedeutet.

Zum Amt

Der Wahrsager oder *Bakologdaan* ist bei den Tallensi das häufigste religiöse Amt. Jedes größere Gehöft von mehr als ungefähr 50 Bewohnern beherbergt einen Wahrsager. Es gibt also hunderte von Wahrsagern in Taleland. Die Konsultationen finden zu religiösen und profanen Fragestellungen statt: Warum sind mir sechs Kühe weggelaufen? Warum habe ich gesehen, wie sich zwei Chamäleons begattet haben? Warum hat meine Frau Zwillinge bekommen? Warum kann ich nicht mehr gut schlafen?

Meist wird ein Wahrsager vom Geist der verstorbenen Großmutter mütterlicherseits in sein Amt berufen. Der *Bakologdaan* errichtet nun einen Schrein, der für die Wahrsagerituale genutzt wird. Zudem gehört zur Berufung auch ein ungewöhnliches Erlebnis mit einem Tier, häufig in der Wildnis. Dieses Tier spielt zukünftig eine besondere Rolle im Interaktionsprozess mit den Ahnen. Wenn vorhanden, werden Körperteile des Tieres in den matrilinearen *Bakolog*-Schrein eingefügt.

Die Rolle des Wahrsagers gleicht der eines Psychotherapeuten und Priesters in einer Person. Er kennt die persönlichen Lebensverhältnisse seiner Klienten genau, ihre Stärken und Schwächen. Der *Bakologdaan* ist ein Kundiger zwischen den Welten und ein gesellschaftlicher Exzentriker im wahrsten Sinne. Die Impulsivität und Instabilität von Emotionen und Stimmungen der Wahrsager erinnert teilweise an Borderline-Persönlichkeiten mit psychopathologischen Auffälligkeiten. Die Initiation ins Amt geht mit „verqueren", von der Norm abweichenden Verhaltensweisen einher. Ich selbst habe erlebt, wie ein *Bakologdaan* tagelang in einer Baumkrone vor dem Gehöft verbrachte. Ein anderer kam „verwirrt" von einem wochenlangen Aufenthalt in der Wildnis zurück. Inwieweit psychische Auffälligkeit und psychopathogene Verhaltensweisen durch das Amt des *Bakologdaan* quasi sozialisiert werden und damit gesellschaftlich tolerabel und integrierbar sind, bleibt späteren Untersuchungen vorbehalten.

Foto 2: Der Wahrsager sitzt auf seinem Bakolog-Ahnenschrein vor seinem Gehöft (Foto: Christiane Averbeck)

Wahrsagerei ist ein „Lehrberuf". Jahrelang geht der Initiant zu einem erfahrenen *Bakologdaan* in die Lehre und wird in die Praxis eingeführt. Die Bezahlung von Wahrsagern (ein freiwillig gezahlter Betrag) ist normal, die Bestechungen an der Tagesordnung. Dabei sind die Übergänge zwischen Bezahlung und Bestechung fließend. Wird die Lenkung einer bestimmten Sanktion durch die Ahnen übertrieben, kann es zum bewussten „Übersehen" des bestochenen Bakologdaan und seines Clans kommen. Dies ist gleichbedeutend mit einer „Amtsenthebung" durch Ignorieren seiner Entscheidungen.

Foto 3: Wahrsagehandlung (Foto: Christiane Averbeck)

In Taleland haben die Ahnen ihre Grabmale inner- und außerhalb der Gehöfte. Die Grabmale dienen als Sitzgelegenheiten und Opferstätten (s. Foto 2). Die Ahnen haben ihre Körperlichkeit aufgegeben, existieren als Geist weiter und bleiben so über den Tod hinaus Teil der Familie. Im Unterschied zu den außerordentlichen großen Festivals der Tallensi, den Beerdigungsriten und Initiationen gehört das Bakolog-Ritual zur täglichen Praxis.

Zum Text

Das Trancegebet lebt durch seine poetische Spontaneität. Wiederholungen von Sequenzen schaffen eine ‚Erhöhung' der Bedeutung von Individuen und Clane, ähnlich dem häufigen Zitieren wissenschaftlicher Publikationen. Der Text lebt auch durch meine eher sparsamen Interpretationen, die sich nur auf die wirklich zum Verständnis wichtigen Erklärungen beschränken. Schon der Versuch, die Begriffe und Zusammenhänge näher zu erläutern, würde zu sehr vom Klang des Gebets ablenken.

Die Zeremonie dauerte drei Stunden vor dem Gehöft unter einem Affenbrotbaum (s. Foto 3). Anwesend waren an die 20 Männer, Frauen und Kinder, wobei ca. zehn Männer um den Bakologdaan saßen und durch Zurufe und Kommentierungen teilnahmen. Die Stimmung war locker und freudig.

Palung *(Ahn und folgende, VR)*, bist Du da? Sengo?
Kuorege?
Falls Ihr nicht zu mir sprechen könnt.
Entschuldigt, meine Väter, wenn ich wieder etwas von Euch will.

(Der Bakologdaan fragt seine eigene Führungsahnin und rasselt mit der Kalebasse, VR).

Bitte frage Bumpok an.

Falls du Bumpok triffst, steige auf den Hügel

Und klettere auf den Baum.

Falls du Kpenkpalegnaab triffst,

Wenn Du all seine Ahnen triffst, rufe Moar und rufe Degal, rufe Kambangere, rufe Kpatar.

Yaapsour, wenn du runterkommst,

Dann rufe Nauh *(sein weiblicher Ur-Urahn, VR)*, beeilt Euch!

Sie hat ihn geboren

Und wurde ein Bakolog.

Der Geist kam zu mir *(und wurde sein Bakolog, VR)*.

Zusammen mit den Menschen und Ahnenschreinen Wirkst Du.

Falls Du schwanger gestorben wärst,

wäre ich nicht geboren.

Jetzt rufe ich meine Mutter Tabok.

Sue ruft ihre Mutter Zugpibok,

Und sie ruft ihre Mutter Zubiung.

Sie würde niemals die Unwahrheit vor ihren Ahnen sagen.

Ich rufe meinen Ahnen Vater Gingame

Und meinen Vater Boapil,

Ihr sollt Euren Vater *(ihm selbst, VR)* helfen.

Er zeugte Gingenyaa,

und er zeugte mich.

Alle Menschen und Verwandten imitieren den Bakolog.

Sie haben ihn „erwürgt" *(er steht allein in seiner Kunst der Divination, VR)*.

Euer Vater und sein Bakolog.

Du stehst vorne.

Er wird nicht die Verstorbenen belügen, oder etwa doch?

Ahn Sour, komme zurück und sitze auf dem Schrein *(Grabmal, VR)*.

Du hast auf dem Ahn gesessen

und mich ausgewählt.

Rufe meinen Vater Polonget, rufe Tepok, rufe Povanaan, rufe Kpatereg, rufe Saa, rufe Sielog,

rufe Nanliebzur, rufe Boar, und rufe das Kind von Boar.

Nimm Platz auf dem Ahnenschrein und rufe Buol Tanzooh.

Nimm Platz auf dem Ahnenschrein und rufe Buol Kapeog.

Falls Du Tendaan Yidem triffst, rufe auch Dohla, und rufe Kurkpal, und rufe Doohnaabzooh,

und rufe Yaahnate.

Ihr sitzt zusammen mit Zubiung Kpahraone,

und ruft alle Duun.

Ruft Pukot, Zunnuoh Tongban, Kologkpen, Tohogbang, Waah, Shihog Mosour, yir ginggang, Pohug,

Ruft alle Gbizug Kpeg Kpareg, Taboog, Tengpereg, Ondaa

und vergesst nicht unseren Ahnen Maalung.

Rufe Du Tengboul,

Und Du Kpamdanyir.

Von dort gehst Du zu Zooyir

Und rufst *(den weiblichen Ahn, VR)* Boar Biug;

Denn die ganze Zeremonie ist wie eine Frau.

Ihr müsst Euch beeilen! Kommt und steht mir bei,

Beim Haupttor.

Polongot, die Mutter von Lebem, das Haus von Namboreg, Siiraan, Tongpilbazaa:

Macht schnell und helft Polonget und seiner Mutter.

Nutzt den Ältesten *(wichtigsten, VR)* des Bakolog.

Du sitzt auf dem Bakolog.

(Trancegesang für die Ahnen, denn sie sind jetzt alle da, VR)

Wenn Du nicht verstehst,

dann stehe auf und höre.

Wenn Du nicht siehst,

Dann erhebe Dich und schau.

Ich singe den Bakolog *(der Bakolog spricht medial durch ihn).*

Sie *(die Trauergemeinde, VR)* werden nicht zulassen,

dass ich ihnen etwas vormache.

Es gibt viele Bakologs,

Aber meiner ist der beste.

(Das Orakel wird befragt, durch Ausschütten der Orakel-objekte. Dabei ist die Lage von Steinchen zu den Orakel-objekten entscheidend für die Meinung der Ahnen medial geäußert durch den Bakologdaan, VR) Hier ist ein Ahn.

Er nimmt und gibt.

Ich muss so sprechen. Wenn Du lügst, ist es deine Sache,

Uns den Grund für seinen Tod zu nennen.

„Frage den Bakolog!" *(ruft die Trauergemeinde, VR)*

(Der Gegenüber des Bakologdaan hält mit ihm den Wahrsagestock, die Kraft der Ahnen führt den Stock zu den Ritualobjekten, VR).

Frage den Bakolog! *(ruft die Trauergemeinde, VR)*

Frage die Mütter und Großmütter;

Denn Du bist der Bakolog.

Frage die Wächter der Erde

Und die Ahnen,

So dass wir mit unseren eigenen Ohren hören,

Was ihr vernommen habt.

Wir sagen: Sputet Euch,

Bringt Eure Mutter her,

Denn sie könnte die Verstorbene sein *(der Grund sein, für den Tod, VR)*.

Sie könnte der Todesgrund sein.

Wenn Du herabkommst nach Hause,

Dann bitte nicht einfach so *(grundlos, VR)*.

Denn wenn Du kommst,

Wird die Erde weggejagt *(das Gleichgewicht geht aus den Fugen, VR)*.

Sie darf nicht grundlos kommen,

Denn dann würde Gott *(jede traditionelle afrikanische Religion hat den Ein-Gott-Glauben, VR)* sie wegjagen.

Er erlaubt keine nutzlose Gammelei.

Macht Platz, macht Platz *(für die Ankunft der Ahnin, VR)*.

Sie sagt mir, dass sie einen Mund hat zu reden,

Zu reden, so dass wir vernehmen.

Warum besitze ich Dich *(Bakolog-Stock, durch den die Ahnen reden, VR)*?

Warum haben wir Dich *(Objekt, auf den der Stock weist, VR)* gerufen?

Ich habe etwas Männliches gesehen *(schlägt 4x mit dem Stock, d. h. 4 Generationen)*.

Jeder hat seine eigene Stimme.

Jeder hat seine eigenen Füße,

Und sie haben Nachkommen.

Jeder hat genug, um in Wakii *(Siedlung, VR)* *(ihren Ahnen, VR)* zu opfern.

Ihr seid alle hier.

Ihr wollt wissen, was die Ahnen wollen.

Ihr fragt die Ahnen,

Sie waren nicht einverstanden.

Deswegen befragt ihr den Bakolog.

Die Ahnen sagen: Sie sind da!

(Der Gegenüber des Bakologdaan hält mit ihm den Wahrsagestock, die Kraft der Ahnen führt den Stock zu den Ritualobjekten, VR) Ich sehe das Haus, das den Tod verursacht hat,

Ich sehe die Beine *(der Ahne, der den Tod verursacht hat, musste vor das Haus des Toten gehen, um ihn zu töten, VR).*

Der Bakolog wird uns die Wahrheit sagen.

Jemand ist gestorben,

Ihr habt den Bakolog gerufen, so dass wir fragen und hören.

Ich sehe Mehlwasser *(zum Opfern, VR)*, eine kleine Höhle *(steht für eine Beerdigungszeremonie, die nur geizig und nicht würdevoll ausgerichtet wurde, VR)*,

Und einen Mund *(der uns die Wahrheit sagen wird, VR).*

Ich sehe den Grund, seine Hand,

Ich sehe das Mehlwasser *(Opferung, VR).*

So ist das, und ein Opfertier und der Mund.

Ah, mein Schrein, Schrein, Schrein!

Ist eine Frau die Ursache?

Ich sehe Mehlwasser in deiner Hand.

Du willst mir die Wahrheit sagen, das ist doch klar.

Die Auflösung *(des Rätsels des Todes, VR)* ist in Deiner Hand.

Habt ihr's vernommen?

Es war der weibliche Schrein

Mit der Hand und dem Mund.

Es hätte ein Opfertier und Hirsebier sein sollen *(bei dem früheren, „mageren" Begräbnis, VR)*,

Ein weiblicher Schrein!

Das ist der weibliche Schrein!

Der Schrein hätte sein Recht bekommen sollen.

Ich als Frau *(durch den Bakolog Naab spricht jetzt die verstorbene Frau, VR)*

Hätte eine Opfergabe bekommen sollen *(der Begräbnisleiter hätte dem weiblichen Schrein opfern müssen, VR)*.

Ich als weiblicher Schrein.

Ich hatte meinen Raum *(Familie, VR)*.

Ich habe ihm geholfen.

Und was tust Du, braust kein Hirsebier *(als Opfergabe, VR)*

und gibst kein Opfertier!

Ich als Frau hatte einen Sohn *(das ist der Tote, VR)*,

Der baute Hirse an

Und hatte etwas übrig *(gespart)*.

Die Hirse war in der Vorratshütte.

Er „ackerte" und besaß reichlich Hirse und Nutztiere *(Ziegen und Schafe, VR)*,

und opferte Dankopfer.

Er brachte diese Opfer dar,

Und die Ahnen gaben ihm mehr Tiere.

Sind die Tiere noch da, oder was?

(Die Ahnin fragt, ob sie oder etwa jemand anderes die Ursache war, dass er so ein erfolgreicher Bauer wurde, VR).

Sie sagt: Nauh *(der Verstorbene, VR)* hätte Hirsebier brauen sollen und ein Tier an ihrem! Schrein opfern sollen.

Sie hat ihm geholfen, dass er überhaupt Tiere hat.

Gib Ihr *(das Opfertier, VR)*!

Denn den Ahnen gehören die Schreine.

Wie sie mir gesagt hat,

Hat sie deswegen „den Tod getötet".

Es ist der Schrein, der getötet hat.

Das Tier könnte der Grund sein und der Glaube – wie auch immer: Sie haben ihr das Opfertier nicht gegeben, Und auch kein Hirsebier.

Sie beschützt Euch doch!

Sie sagt doch, was sie braucht!

Ihr habt Euch nicht richtig mir gegenüber verhalten.

Ihr habt mich verlassen.

Habt ihr nicht gesagt, dass der männliche Schrein dies gesagt hat?

Oder war's der weibliche Schrein?

(Der Partner des Bakologdaan fordert ihn auf, endlich die Wahrheit zu finden und ruft, VR).

„Suche, suche, such doch!"

Soll ich wirklich den Todesgrund weitersagen?

Ich sehe den Mund, ich sehe das Opfertier.

Hat der Mund ein Opfertier schon genommen, oder nicht?

Der männliche Schrein hat ein Opfertier bekommen.

Deswegen sagt der weibliche Schrein,

Dass er sich nicht um seine Pflichten im Haus kümmert.

Er hat so viel durch das Ackerland gewonnen.

(Und jetzt will er nichts davon geben, VR) Ich töte ihn!

War es die Frau, die tötete?

War es der weibliche Schrein, der tötete?

Hört alle zu!

Es war nicht der Schrein.

Du solltest weitersuchen.

Dies ist die Hausherrin.

(Dreimaliges Schlagen mit dem Stab, VR).

Sie wurde ärgerlich und „tötete den Toten".

Sie wurden ein Mund!

(Dreimaliges Schlagen mit dem Stab - Bestätigung, VR).

Sie gaben Hirsebier und ein Opfertier

Und gaben es dem männlichen Schrein.

Mir aber haben sie *(dem weiblichen, VR)* nichts gegeben.

Das ist der Grund, warum ich den Toten getötet habe.

Ist Deine Nachricht, dass wir ein Huhn geben sollten?

Nein, das ist doch nicht die Nachricht.

Der Geist ist verschwunden.

Gib dir Mühe, den Bakolog zu fragen.

Wir leben so vor uns hin und sie *(die Ahnen, VR)*

haben uns nie die wichtigen Dinge gesagt.

Ob er es nicht doch wusste, und so tat als wüsste er nicht,

oder er es wusste?

Er hat es gewusst!

(Dreimaliges Schlagen mit dem Stab = Bestätigung, VR).

Kuoreg, Puhug, Seug,

Ihr alle habt es gewusst.

Samane, gebe die Nachricht weiter.

(Es spricht der Älteste, der ein Huhn als Opfertier und als Nagelprobe und Verifikation der Ergebnisse der Session hält, VR).

Hat er denn nicht gesagt, dass es der weibliche Schrein war, der getötet hat?

Wir sind hier alle am Schrein zusammengekommen,

aber haben nie an die Ahnin gedacht.

Ich will jetzt fragen und sehen, ob sie getötet hat, hört ihr?

Sie haben EINEM Schrein eine Ziege geopfert.

Will sie sagen, dass ihr Name bei der Opferung hätte genannt werden sollen?

Es wäre gut gewesen, denn er hatte ‚geackert‘.

Er hatte genug gespart.

Er hätte Hirsebier nehmen sollen und ein Opfertier,
Und es dem weiblichen Ahn opfern sollen,
um ihr zu danken.

Weil sie sich so gut um ihn gekümmert hatte.

So ist es.

So haben wir es immer gemacht.

Leider hat er nur den männlichen Schrein bedacht,
der ist zufrieden.

Er hätte Hirsebier und ein Opfertier ihr geben sollen.

Denn er hatte genug Tiere *(dafür, VR)*.

Er hatte Ehefrauen und Kinder.

Er hätte Hirsebier und ein Opfertier geben sollen.

Weil sie nichts bekommen hat,
ist sie wütend geworden.

Wir müssen etwas machen!

Mein Ahn, was können wir nur tun?

Alle Ahnen reden miteinander.

Wir ziehen uns jetzt zurück.

Jeder der gehen will stehe auf.

(PAUSE).

(Die Session wird fortgesetzt, VR).
Mein Schrein, wir sind wieder da.

Ich sehe den Grund.

(Dreimaliges Schlagen mit dem Stab – Bestätigung, VR).

Ich sollte auf die Kinder *(Nachkommenschaft, VR)* achten.

Sie kümmert sich um alle.

Ich muss den Grund finden!

Alles ist in meiner Hand.

Ich muss den Grund finden!

Der Schrein irrt sich nie.

Die Kinder des Verstorbenen

(Dreimaliges Schlagen mit dem Stab – Bestätigung, VR).

Sind in meinen *(vom Schrein, VR)* Händen.

Sie *(der weibliche Schrein, VR)* hat recht *(mit ihren Opferforderungen, VR) (Dreimaliges Schlagen mit dem Stab – Bestätigung, VR).*

Sie spricht durch mich, an diesem Ort.

Alles ist in meiner Hand.

(Die Gemeinde stellt fest zum Bakologdaan gewandt, VR).

„Uns hat Deine Rede wirklich gut gefallen. Sie hätte also Hirsebier und ein Tier bekommen sollen. Deswegen hat sie getötet. Bringt ein Huhn her …" Das Huhn ist hier.

Ich sehe die Nachkommen von der Mutter,

Sie haben sich getrennt *(leben wegen der fehlenden Opfergaben nicht mehr harmonisch zusammen, VR).*

(Das Opferhuhn wird zur späteren Überprüfung über den Bakolog gehalten, VR).

Eine Familie sollte aber gemeinsam zusammenstehen.

Was hat die Familie auseinander gebracht …?

Deswegen haben sie den Schrein befragt.

Wollen wir es so machen?

(Das Opferhuhn wird der Gemeinde gezeigt, VR).

Jetzt ist es an Dir, Schrein.

Der Tod kam, Nauh ist tot. Wir haben den Schrein kon-
sultiert, und der Bakolog hat durch seinen Geist gesagt
(Sie sind miteinander herabgekommen, VR).

Und haben gemeinsam verkündet:

Er *(der Verstorbene, VR)* hat auf den Feldern gearbeitet
Und ein Tier gekauft.

Jedoch starb sie vor ihm, die größer war als er.

Er hätte ihr ein Opfertier geben sollen, und auch Hirsebier Und beten sollen: Dies ist für Dich, Du hast mir
geholfen.

Denn genauso war es.

Sie hat ihn getötet.

Wenn es denn so sein sollte,

habe Gnade und vergib ihm.

Komme her und setz Dich zu uns.

Sie werden dir Opfertiere geben,

So dass der Hausfrieden wieder kommt.

Kommt alle zusammen und setzt Euch und bezeugt,

Dass das Huhn „flach liegt"

*(Das geopferte Huhn wird wild flatternd in die Luft ge-
worfen. Wenn es auf dem Rücken liegend stirbt, wurde
von den Ahnen die Weissagung gebilligt. Wenn es auf
dem Bauch verendet, geht der ganze Prozess von vorne los,
VR).*

Vater, Vater, wir hören!

(Das Huhn verendet auf dem Rücken, VR).

Alles ist von Dir.

4 Anhang

Autorinnen und Autoren

Peter Amsler, Autor und Verleger, gehört der Bahá'í-Gemeinde in Berlin an und begründete die Lange Nacht der Religionen in Berlin mit.

Fine Arndt, Studentin Language and International Studies, English – Aalborg University/Dänemark.

Michael Bäumer ist promovierter Religionswissenschaftler und seit Juni 2017 Geschäftsführer des Berliner Forums der Religionen.

Stefan Federbusch ofm gehört zur katholischen Ordensgemeinschaft der Franziskaner. Er lebt in Hofheim und leitet dort das Exerzitienhaus – Franziskanisches Zentrum für Stille und Begegnung. Er ist Redaktionsleiter der Zeitschrift „FRANZISKANER – Magazin für franziskanische Kultur und Lebensart" sowie Mitglied der Ordenskommission für Gerechtigkeit, Frieden und Bewahrung der Schöpfung.

Natanael Ganter ofm ist Franziskaner und Referent für Öffentlichkeitsarbeit und Medien bei der Provinzleitung der Deutschen Franziskaner in München.

Feride Funda Gökçimen-Gençaslan, Stellvertreterin und Referentin des Ordens der Ehrenwerten Naqshbandiyya mit internationalen Aktivitäten insbesondere im interreligiösen Kontext. Seit 2015 Vorsitzende des Sufi-Zentrum Rabbaniyya, Der Wahre Mensch e.V.

Nicola Hernádi ist Asienwissenschaftlerin, Fachübersetzerin für Tibetisch, Chefredakteurin der buddhistischen Zeitschrift Tibet und Buddhismus und hält als Dozentin Seminare und Vorträge zu buddhistischen Inhalten.

Hemma Jäger ist Musikwissenschaftlerin. Sie lebt und arbeitet in Berlin.

Ernst Keim, Diplom Sozialarbeiter a.D., Rentner mit Interesse am interreligiösen Dialog.

Annette Kreutziger-Herr, Prof. Dr., hat als Musik- und Kulturwissenschaftlerin zahlreiche Bücher und Artikel zu kulturtheoretischen Fragen geschrieben und sich mit geistigen Perspektiven auseinandergesetzt. Sie arbeitet in Berlin in der christlich-wissenschaftlichen Praxis und ist aktives Mitglied im Berliner Forum der Religionen und einer christlich-wissenschaftlichen Gemeinde in Berlin-Charlottenburg.

Volker Riehl ist promovierter Sozialwissenschaftler. Er arbeitete als Wissenschaftler und Entwicklungshelfer in West-, Ost- und Zentralafrika, zuletzt von 2007–2014 in Harare (Simbabwe). Derzeit ist er Referent für Afrika und Ernährung im MISEREOR-Hauptstadtbüro Berlin.

Hermann Schalück ofm, Dr. theol., ist Franziskaner und war Dozent, Provinzial und Generaloberer seines Ordens sowie Präsident von Missio Aachen. Lebt in Bonn.

Thomas M. Schimmel ist promovierter Politikwissenschaftler. Er leitet die *franziskanische Initiative 1219. Religions- und Kulturdialog* in Berlin und ist Koordinator der Langen Nacht der Religionen in Berlin.

Olaf Haladhara Thaler, bildender Künstler, Vorsitzender der Hindu-Gemeinde e.V. in Berlin und Verfasser einer lyrischen Ausgabe der Bhagavad-Gita in deutscher Sprache. Er ist Mitglied im Koordinierungskreis des Forums der Religionen in Berlin.

Juanita Villamor-Meyer ist Religionswissenschaftlerin und hat u. a. islamische Theologie an der Johann-Wolfgang-von-Goethe-Universität in Frankfurt/M. studiert. Sie arbeitet als Pressesprecherin und Beauftragte für Öffentlichkeitsarbeit der Neuköllner Begegnungsstätte. Außerdem ist sie Dozentin für interreligiösen Dialog am Europäischen Integrationszentrum Berlin – Diversity & Interkulturelle Akademie.

Tabea Perger, Ethnologin und Religionswissenschaftlerin, arbeitet seit Anfang des Jahres als Projektkoordinatorin bei dem gemeinnützigen Verein „Leadership Berlin – Netzwerk Verantwortung e.V.". Außerdem wirkt sie ehrenamtlich im Initiativkreis der Langen Nacht der Religionen mit.

Gunda Werner, Univ.-Prof. Dr., katholische Theologin, leitet das Institut für Dogmatik der katholisch-theologischen Fakultät der Karl-Franzens-Universität Graz.